KB068352

한 번에
OK 나는
보고서

상대를 30초 만에 사로잡는
최강 보고 기술

# 한 번에 OK 나는 보고서

마에다 가마리 지음 | 박주희 옮김

RHK
알에이치코리아

# 최고들의 보고는
# 무엇이 다른가

### 손정의 사장에게 단련된 보고의 기술

직장인이라면 누구나 회사에서 적어도 한두 번씩은 파워포인트로 보고를 해본 경험이 있을 것이다. 이제 보고의 기술은 비즈니스맨이 기본적으로 갖추어야 하는 필수 기술이 되었다.

제아무리 탁월하게 잘 짜여진 기획이나 제안일지라도 경영자와 상사에게 OK 사인이 떨어지지 않으면 한 발자국도 앞으로 나아갈 수 없는 것이 직장인들의 현실이다. 그러므로 제안하고자 하는 내용을 보다 알기 쉽게 전달하고, 결재자의 고개를 절로 끄덕이게 만드는 보고의 기술이 필요하다.

하지만 쉽지 않은 게 사실이다. 어쩌면 우리는 누구나 보고의 미생이 아닐까?

지난날의 나 역시 서툴기 짝이 없는 보고의 미생이었다. 보고에 대해 제대로 배울 기회조차 없어 전부 다 내 방식대로 했다. 한창 젊은 시절에는 실수 연발에 실패의 연속이었다. 기껏 준비해서 발표하면 반려되기 일쑤였고, 다시 제안하라는 소리를 밥 먹듯이 들었다.

문제는 이런 상황이 그동안의 노력을 삽질로 만든다는 점이었다. 보고 내용을 재검토하는 데 드는 시간은 물론, 무엇보다 다음 보고까지 1~2주일, 더러는 약 1개월 정도 공백이 생기는데, 그동안 프로젝트를 진행시킬 수 없다는 사실이 가장 큰 문제였다. 회사 입장에서 보면 막심한 기회 손실이었고, 이와 같은 실패가 하나둘 쌓이다 보니 개인적으로 회사 내에서의 평가는 땅으로 뚝 떨어질 터, 더구나 거래처와 얽힌 프로젝트라면 외부에서도 신뢰를 잃는 것은 불을 보듯 뻔한 일이었다.

나는 온갖 시행착오를 겪으면서 보고에 관한 기술을 갈고닦았다.
특히 소프트뱅크 모바일 주식회사(現 소프트뱅크 주식회사)에 근무하면서부터는 마르고 닳도록 갈고닦았다. 그도 그럴 것이 회사의 우두머리가 신속한 의사결정으로 소문이 자자한 손정의 회장이기 때문이었다. 위에서는 연신 해결해야 할 문제가 내려오고, 이에 맞는 대응책을 궁리해서 보고를 해야 하는 상황이 항상 벌어졌다. 더구나 회의에 올라오는 안건이 한두 건이 아니어서 보고 1건당 주어진 시간은 고작 3~5분인데, 그마저도 막상 시작하려고 하면 "1분 안에 하도록!" 하고 지시가 떨어지는 경우가 많았다.

때문에 간결하고 핵심을 찌르는 보고를 하지 못하면, 그 자체만으로도 날카로운 지적을 받아 쩔쩔맨 적도 있었다. 특히 손정의 회장 앞에서 보고를 할 때는 너무 긴장한 나머지 발표하는 내내 식은땀을 흘리기도 했다. 그렇지만 이러한 경험 하나하나가 보고의 기술을 갈고닦는 데 소중한 자양분이 되었고, 3분 보고로 '단번에 OK'를 받는 확률이 부쩍 늘었다.

## 보고 기술로 평가가 수직 상승한다

"자네의 보고는 통과할 확률이 높아."

언제부터인가 나의 보고 능력이 회사 내에서 좋은 평가를 받게 되어 직속 상사뿐만 아니라 다른 부서의 관리자들에게도 지시를 받아 보고서를 만들게 되었다.

특히 손정의 회장의 후계자 양성기관인 소프트뱅크 아카데미아의 1기생으로 선발되었을 때, 직접 만든 사업 보고가 당당히 1위를 차지하였다. 이를 계기로 소프트뱅크 그룹 계열사를 비롯하여 많은 업무를 수행하였고, 손정의 회장이 직접 발표하는 프레젠테이션 자료를 만드는 기회도 여러 번 잡을 수 있었다.

그 후 승진을 하여 한 부서를 맡게 되었다. 나는 그동안 쌓아온 보고 기술을 부하들에게 고스란히 전수했고, 아울러 보고하는 방법을 규칙으로 만들어 부서 내 의사결정 속도를 높이는 데 성공했다. 물론 우리 부서가 제안하는 사업 발표 역시 논리 정연한 보고로 인정받아 채택률이 급격히 높아졌다.

이러한 실적은 자연스레 좋은 평가로 이어져 사내 인정 강사제도의 프레젠테이션 강사로 임명되기도 했다. 당시 소프트뱅크 그룹은 적극적인 M&A로 인하여 해마다 계열사가 늘었는데, 이로 인해 각각의 출신 회사마다 보고 방법도 제각각이어서 결재자가 어리둥절해하는 경우가 다반사였다. 이에 회사의 의사결정 속도를 높이고자 시험 삼아 나의 보고 기술을 사내에 널리 보급했고, 실제로 그 방법을 실시한 부서에서 결재 속도가 1.5~2배로 빨라졌다(회의 1시간당 결재수로 측정).

독립한 후로는 소프트뱅크는 물론 야후 주식회사, 주식회사 베네세 코퍼레이션, 모 철도회사 등의 보고 연수를 도맡아 했다. 실제로 많은 기업들이 의사결정 속도를 높이고자 사원들의 보고 기술을 향상하는 데 상당히 의욕적이라는 사실을 피부로 실감했다.

## 보고는 '보고서'에서 90% 판가름 난다

이 책을 쓰면서 나는 보고의 필살기를 오롯이 공개했다.

실제로 나는 이제껏 보고에 자신감을 가진 사람을 만난 적이 손가락을 꼽을 정도이다. 그러나 이 필살기를 내 것으로 만들면 누구든지 채택률이 껑충 뛰는 것을 몸소 실감할 수 있을 것이다. 아울러 발표할 때 자신감이 붙어 어깨에 힘이 절로 들어간다.

그런데 그 전에 먼저 풀어야 할 문제가 있다.

흔히 보고라고 하면 '화술'이 중요하다는 말을 자주 듣는데 확실히 스티브 잡스가 수행한 사업보고회나 TED와 같은 프레젠테이션에서는 '화술', '몸짓, 손짓' 등과 같은 종합적인 표현력이 필수이다. 이처럼 불특정 다수의 사람을 대상으로 하는 프레젠테이션은 청중의 감정에 호소하여 임팩트를 주거나 공감을 불러일으키고 모으는 것이 목적이기 때문이다.

그런데 보고는 이러한 프레젠테이션과는 기본적으로 다르다. 보고는 오로지 결재자만을 대상으로 한다. 더욱이 중요한 것은 감정이 아닌 논리이다. 비즈니스 논리에 맞아 일치한다면 대부분 틀림없이 결재 사인을 받을 수 있다. 일반적인 화술을 구사하여도 문제가 없다. 되레 멋모르고 스티브 잡스를 따라해 어설픈 말투와 손짓을 구사했다가는 결재자에게 안 좋은 인상을 심어준다.

그러면 보고의 승패를 결정짓는 것은 무엇일까?

바로 보고서이다. 보고는 보고서에서 90% 판가름 난다. 결재자가 의사결정을 하는 데 필요한 정보를 알기 쉽고 설득력 있게 전개하는 보고서를 만들 줄 알면, 보고 당일에는 보고서를 보면서 보고만 하면 그만이다. 보고서 내용에 자신이 있으면 화술에도 절로 자신감이 붙는다. 어쩌면 결국 보고서가 100%라는 뜻일 수도 있다.


## 심플할 것, 논리적일 것

보고서에서 중요한 핵심은 두 가지이다.

첫째, 심플해야 한다, 둘째, 논리적이어야 한다. 그야말로 이 두 가지만 잘 지키면 시선을 끄는 보고를 할 수 있다.

실제로 보고를 할 때, 가장 큰 실패의 원인은 '장황하다'는 것이다. 그런데 비즈니스맨 대부분이 "아, 이것도 중요하고 저것도 중요한데." 하고 정보란 정보는 죄다 끌어다 담는 통에 20~30장씩이나 되는 두툼한 보고서를 만들고 만다. 보고서의 양만 보아도 결재자의 인상이 절로 찌푸려진다. 혹시 보고하는 도중에 "다시 하게."라는 말을 들은 적은 없는가? 더구나 정보가 많을수록 그만큼 꼬투리

잡힐 부분도 늘어나는 격이므로 생각지도 못한 지적을 받아 당황하여 쩔쩔맬 확률도 높아진다.

그러니 보고는 3분 만에 끝낸다는 전제하에 보고서를 논리 정연하게 5~9장 분량으로 만드는 데 각별히 유념해야 한다.

이는 결코 어려운 일이 아니다. 사실 보고의 논리적인 패턴은 다음과 같은 4단계만 따르면 되기 때문이다.

**1단계 과제** : 어떤 과제가 있는가?

**2단계 원인** : 이 과제가 생긴 원인은 무엇인가?

**3단계 해결책** : 그 원인을 해소하는 구체적인 대책 제안

**4단계 효과** : 제안 내용을 실시할 경우의 효과 예측

위의 4단계 과정을 순서대로 보여주기만 하면, 결재자는 OK 사인을 내린다. 자잘한 곁가지들은 쳐내고 무엇보다 줄기가 되는 논리를 강력하게 어필하는 요소만 나열하면 된다.

더불어 '이 보고서에서 무엇을 전달하고 싶은가?'를 한눈에 이해할 수 있도록 한 장 한 장 심플하게 가공할 필요가 있다. 세부적인 숫자를 적어 넣은 그래프를 곁들인 보고서, 장황하게 늘어진 문장을 넣은 보고서 등 결재자가 보고서의 의미를 이해하는 데 10초 이상 걸린다면 실격이다. 나름대로 중요하다고 생각하는 정보 중 반

드시 전달해야 하는 정보를 걸러서 한눈에 확 들어오도록 가공해야
한다.

'그래프를 보여주는 방식', '키 메시지를 보여주는 방식', '비주얼
과 텍스트의 배치 방법' 등에는 모두 안성맞춤 '양식'이 있기 때문
이다. 이 '양식'에 맞게 적용하기만 하면 된다.


### 4분의 1의 노력으로 결재 속도가 2배는 빨라진다

결재 속도를 올리는 데 실천 가능한 필살기를 고스란히 이 책에
담았다. 누구든지 이 책을 참고해 직접 보고서를 몇 번 만들어보면,
필살기를 반드시 내 것으로 만들 수 있다. 그리고 익숙해지면 자료
를 만드는 데 걸리는 시간도 이제까지의 절반 수준으로 줄일 수 있
다. 게다가 단번에 결재 사인을 받으면, 보고서를 다시 만들 필요가
없으니 그만큼 시간을 절약할 수 있다.

직접 해본 결과 보고 준비에 할애하는 시간이 약 4분의 1로 단축
되었고, 아울러 결재 속도는 2배가 빨라졌다. '4분의 1의 노력으로
결재 속도가 2배로' 향상된 셈이다.


모름지기 일에서 중요한 것은 '무엇을 할지'를 생각하는 것이다.
그리고 그렇게 생각해낸 결과를 실행하는 것이다.

그 시간을 최대화하기 위해서라도 결재 사인을 받기 위한 보고는 철저하게 효율화를 꾀해야 한다. 이는 곧 당신에 대한 평가를 업그레이드 시켜줌은 물론 몸담고 있는 회사의 사업 수행 속도 향상, 나아가 회사의 실적 상승으로도 이어진다. 모쪼록 이 책이 당신 자신과 일을 한 단계 업그레이드 시켜줄 수 있길 바란다.

마에다 가마리

# Contents

# 6장 실전 보고 핵심 가이드

# 1장

# 한 번에
# OK나는
# 보고서의 핵심

보고는 깔끔하게 '3분' 만에 끝내는 것이 좋다.
보고의 핵심은 심플하게! 논리적으로!
한 가지 주제를 심플하게 압축하고, 스토리는 논리적으로 준비하면 된다.
'어째서?' '그래서 어떻게 할 것인가?' '그러면 어떻게 되는가?'를
생각하면서 브레인스토밍을 해보자.

# 보고서는
# 5~9장으로 정리하라

# 01

## 보고는 깔끔하게 3분 만에 끝내자

보고를 할 때 가장 중요한 것은 무엇일까?

무엇보다 결재자 입장에 서서 생각하는 것이다. 결재 사인을 하는 사람들이 제안 내용을 보다 쉽게 이해하고, 납득할 수 있도록 전달하는 것이 가장 중요하다. 그러기 위해선 어떻게 하는 것이 좋을까? 우선 결재자에게 가장 민폐가 되는 것은 무엇인지부터 알아야 한다.

결재 권한을 가진 이들은 대부분 바쁘다. 더구나 한정된 시간 안에 차례차례 잇달아 의사결정을 해야 하기 때문에 이들은 요령 없이 질질 끄는 보고를 가장 싫어한다.

그렇기에 보고는 3분 만에 끝내는 것이 기본이다. 아무리 길어도 5분 이내에는 마쳐야 한다. 사실 무슨 안건이든 3~5분 정도의 시간이면 제안하고자 하는 핵심 내용은 충분히 설득력 있게 전달할 수 있다. 도리어 그 시간 내에 제대로 전달하지 못하면 제안하고자 하는 내용의 요점을 보고자가 이해하지 못하고 있다는 뜻이다.

간혹 보고가 끝나고 나서 결재자가 질문을 던져 보충 설명을 할 필요가 생기거나 제안의 시비를 둘러싸고 토론이 벌어지는 경우가 있는데, 이 시간은 3~5분에 포함시키지 않는다.

오히려 그 자리에서 한층 더 깊이 논의하는 것이 결재자의 의사 결정의 질을 높이는 데도 유익하다. 이처럼 의미 깊은 시간을 확보하기 위해서라도 보고 자체는 3~5분 만에 간결하게 끝내야 한다.

보고를 간결하게 끝내기 위해서는 어떻게 하는 것이 좋을까?

지극히 간단하다. 보고서의 파워포인트 슬라이드 수를 압축하면 된다. 개중에는 "이 부분도 전달해야 하고, 저 부분도 전달해야 하는데……." 하고 이마에 구슬땀을 흘리며 슬라이드를 20장씩 30장씩 준비하는 사람이 있는데, 무슨 재간으로 그 많은 분량을 3~5분 안에 발표하겠는가? 보고는 그저 보고서를 길잡이로 진행하는 것일 뿐이다. 즉 보고서는 보고의 시나리오이다. 시나리오의 분량이 많으면 자연히 발표 시간이 길어지기 마련이다. 반대로 시나리오가 간결하면 보고 시간도 그만큼 짧아진다.

그러므로 보고서를 5~9장 분량으로 요약해야 3~5분이라는 시

| 1 표지 | 2 브리지 슬라이드 | 3 본문 슬라이드① | 4 본문 슬라이드② |
| 5 본문 슬라이드③ | 6 브리지 슬라이드 | 7 본문 슬라이드④ | 8 본문 슬라이드⑤ |
| 9 본문 슬라이드⑥ | 부록 (별첨자료) | 브리지 슬라이드 | 본문 |

간에 맞출 수 있다[도표 1-1].

　참고로 5~9장의 분량에는 표지나 목차, 브리지 슬라이드는 포함 되지 않는다. 오로지 본문 내용만 정리하여 5~9장 분량으로 만들 면 된다. 분량 제한을 의식해서 전달하고자 하는 내용을 좁히면 충 분히 3~5분 만에 보고를 끝낼 수 있다.

# 5~9 마법의 숫자

보고서 슬라이드를 5~9장으로 요약하는 것은 단순히 보고 시간을 단축하는 효과만 있는 것이 아니다. 더불어 중요한 의미가 있는데 슬라이드의 장수가 5~9장을 넘는 순간 이해가 잘 안 가는 보고서로 분류된다는 점이다.

이는 미국의 인지심리학자인 조지 밀러가 제창한 '마법의 숫자'를 근거로 한 법칙이다. 밀러는 인간이 순간적으로 기억할 수 있는 정보량의 한계는 '7±2'라는 것을 발견하였다. 그리고 7±2를 '마법의 숫자'라고 명명했다.

마법의 숫자는 다양하게 활용된다. 예를 들면 흔히 전화번호는 '○○○-○○○-○○○○' 이런 식으로 구분하여 표기한다. 그런데 이를 구분 없이 '○○○○○○○○○○' 이렇게 쭉 나열해서 표기하면 어떨까? 숫자를 파악하기 어렵지 않은가? 하지만 여기에 하이픈을 넣어주면 하나의 정보 덩어리가 7±2의 효과가 나면서 알아보기 쉬워진다.

보고서 역시 마찬가지다. 슬라이드의 수가 7±2를 넘으면 결재자가 보고 내용을 이해하기 어려워진다. 제안하는 사람의 입장에서는 심사숙고하여 제안 내용에 관해 몇 번이고 검토에 검토를 거듭하여 준비했으니 20~30장이나 되는 슬라이드의 내용을 눈 감고도 파악할 수 있다. 그러나 그 자리에서 내용을 처음 듣는 결재자 입장은 어떨까? 아무리 우수한 인재라도 슬라이드 장수가 7±2를 넘어 버리면 앉은 자리에서 보고 내용을 정확하게 이해하지 못한다.

보고서 슬라이드는 5~9장 분량으로 정리하자. 이것이 '한 번에 OK'가 나는 절대적인 정석이다.

단, 5~9장에 담기 위해서 슬라이드 1장에 무리하게 많은 정보를 꾹꾹 눌러 담는 것은 좋지 않다. 예를 들어 슬라이드 1장에 그래프를 2개씩이나 넣는다면 슬라이드에 담긴 내용을 이해하기 어려워진다. 이러한 경우에는 차라리 슬라이드 장수를 늘려서 슬라이드 1장에 그래프 1개를 넣는 것이 낫다. 슬라이드 한 장 한 장 역시 심플하게 만드는 것이 좋다.

일단은 5~9장을 목표로 삼고 나름대로 정보를 거르고 압축하자. 그럼에도 도저히 뺄 수 없는 정보가 있을 경우에는 슬라이드를 추가하자.

# 보고서는
# 4개의 파트로 구성하라

## 주제가 한눈에 보이도록 하라

숲을 먼저 보고 나무를 보아야 하듯 우선 보고서의 전체 이미지에 대해 살펴보자.

〔도표 2-1〕을 보면, 보고서 슬라이드는 기본적으로 표지, 브리지 슬라이드, 본문 슬라이드, 부록(별첨자료) 이렇게 4개 파트로 구성되어 있다. 그리고 본문 슬라이드는 '현상 보고(과제와 원인)'와 '제안(해결책과 효과)'을 나타내는 슬라이드로 구성되어 있다. 보고서는 모두 이러한 패턴으로 대응이 가능하다.

그러면 먼저 보고서의 전체 이미지를 파악한 다음 저마다의 역할을 대략적으로 살펴보자.

〔도표 2-2〕는 각각의 보고서 슬라이드의 이미지를 나타낸다. 이

**1. 표지**

**2. 브리지 슬라이드**

**3. 본문 슬라이드(5~9장)**
  ① 현상 보고(과제와 원인)
  ② 제안(해결책과 효과)

**4. 부록(별첨자료)**

도표를 보면서 각각의 중요한 점에 대해 알아보자.

보고서 슬라이드에서 표지는 필수다. 슬라이드 중앙에 보고서의 주제를 크게 표시하면, '보고서의 주제가 무엇인가?'를 전달함과 동시에 결재자가 주제를 한눈에 바로 알아볼 수 있게 해주기 때문이다. '무엇에 대해 이야기하는 것인가?'를 명확하게 알지 못하는 상태에서 보고를 시작하면 결재자는 보고의 취지를 파악하기 위해 불필요한 노력을 허비해야 한다. 결재자가 보고서의 본제에 집중하게 만드는 것은 결재를 얻는 데 필수 조건이다. 고민을 해보고 보고서

## 1. 표지

○○회의 자료

**매장 방문객 수
개선 제안**

20××년 ×월 ×일

○○사업부

## 2. 브리지 슬라이드

☐ **현상 보고**
☐ 개선안

## 3. 본문 슬라이드(5~9장)

① 현상 보고(과제와 원인)
② 제안(해결책과 효과)

## 4. 부록(별첨자료)

의 주제를 단적으로 나타내는 짧은 제목(13자 이내)을 붙여보자.

다음은 브리지 슬라이드인데, 흔히 다음 화제로 넘어갈 때 이야기가 뚝 끊어지지 않도록 이어주는 역할로 활용한다.

〔도표 2-3〕과 같이 브리지 슬라이드에는 '현상 보고'와 '개선안'이라는 단어를 넣어 준비했는데, 본문의 큰 흐름을 나타내는 데 아주 효과적이다. 그리고 두 가지 아이디어를 제안 후 어느 한 쪽을 선택하게 하는 유형의 보고를 할 때, 각각의 제안 내용에 대한 설명에 들어가기 전에 '지금부터 개선안에 대해 설명하겠습니다.'라는

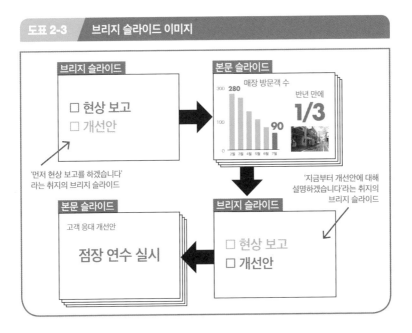

**도표 2-3** 브리지 슬라이드 이미지

취지를 담은 브리지 슬라이드를 끼워 넣으면 결재자 입장에서 한결 이해하기 쉽다.

단, 브리지 슬라이드는 특성상 반드시 필요한 슬라이드는 아니다. 제안 내용이 매우 단순하다면 브리지 슬라이드까지 만들 필요는 없다. 다만 결재 내용이 조금 복잡할 때에는 결재자가 쉽게 이해할 수 있도록 브리지 슬라이드를 끼우는 것이 효과적이다.

## 본문 슬라이드는 원인과 해결책으로 구성

보고서에서 가장 중요한 것은 두말할 것도 없이 본문 슬라이드다.

본문 슬라이드는 설득력을 높이는 역할을 하므로 5~9장으로 만들되 최대한 지혜를 짜내어서 구성해야 한다.

본문 슬라이드는 크게 현상 보고와 제안으로 나눌 수 있다. 현상 보고에서는 먼저 '어떠한 과제가 있는가?'를 명확하게 밝힌 다음 '이러한 과제가 발생한 원인은 무엇인가?'를 내놓는다. 그리고 이를 근거로 제안을 하면 되는데, '그 원인을 해소하는 해결책'을 제안하고 아울러 '그 해결책을 실시한 결과, 기대되는 효과'도 함께 보여주면 된다.

## ① 현상 보고

- **과제**는 무엇인가?
- 이러한 과제가 발생한 **원인**은 무엇인가?

## ② 제안

- **원인**을 해소하는 해결책 제시
- **해결책**을 실시할 경우의 **효과 예측**

또한 본문 슬라이드의 마지막은 제안 내용의 개요를 1장으로 요약한 개요 슬라이드를 보여주어야 한다. 여기에 반드시 들어가야 하는 기본 정보는 '사업 실시에 필요한 비용'과 '일정'이다. 이는 필수 사항이므로 일정한 형식으로 만들어 놓으면 두고두고 쓸 수 있어 편리하다. 다시 한 번 강조하지만 보고서의 본문 슬라이드 분량은 개요 슬라이드를 포함하여 5~9장으로 만들자.

마지막으로 부록(별첨자료)은 온갖 질문의 화살에 맞서는 방패 역할을 한다.

## 부록은 자료집과 같다

부록은 분량 제한으로 인해 본문 슬라이드에는 담을 수 없었던 데이터, 본문 슬라이드의 보충 설명에 필요한 데이터 등을 모은 일종의 '자료집'이다. 보고 종료 후, 결재자가 던지는 질문이나 의문 사항에 대답할 때 스크린에 비춰 보여주는 용도로 사용한다. 만일 부록을 준비하지 않으면, 결재자는 십중팔구 '충분히 검토하지 않았다', '결재하기에는 부족하다'는 판단을 내리게 된다. 그렇기에 부록은 생각보다 중요한 역할을 담당한다.

이와 같이 보고서는 표지, 브리지 슬라이드, 본문 슬라이드, 부록으로 구성되는데 4개 파트의 전체 이미지가 충분히 숙지되어야 다음에서 소개할 '5~9장 분량의 설득력 있는 본문 슬라이드'를 만드는 방법을 보다 쉽게 이해할 수 있다.

# 설득력 있는
# 본문 슬라이드 만들기

## 보고는 한 가지 주제로 압축하라

보고서를 5~9장 분량으로 정리하기 위해서는 어떻게 해야 할까?

첫째, 주제를 압축하자. 여러 가지 주제를 가지고 한 번에 발표를 하고자 한다면, 자연스럽게 반드시 전달해야 하는 정보도 그만큼 늘어난다. 그러면 그 많은 정보를 5~9장에 담아내기란 더더욱 어려워진다.

즉 '보고＝한 가지 주제'가 기본이다. 이것저것 한꺼번에 여러 가지 주제를 다루는 것이 아니라 주제를 구분하여 1가지씩 착실하게 결재를 올려야 한다. 이는 보고서를 5~9장으로 요약하고 보다 이해하기 쉽게 보고하는 첫 걸음이다.

이해를 돕기 위해 다음과 같은 경우를 예로 들어 생각해 보자.

어느 소매기업에서 매장를 찾는 방문객 수가 대폭 감소하자, 경영진에게서 조속히 대응책을 강구하라는 지시가 내려졌다. 부서 내에서 모든 문제를 면밀히 검토한 결과, 고객 응대 개선, 깨끗한 매장 만들기, 매장 외관 변경, 집기 교체 등의 정책을 종합적으로 진행해야 한다는 결론에 도달하였다. 또한 고객 응대의 연수 내용, 외관 디자인, 집기 선정, 직원들의 철저한 청소 규칙 시행에 대한 각각의 세부 사항을 마련했다.

이 경우 위의 모든 제안 내용을 보고 1회로 끝내려고 한다면, 보고서를 5~9장의 분량으로 완성하기는 어렵다. 전부 동시에 진행할 것인가? 아니면 우선순위를 정하여 차례차례 시작할 것인가? 만일 고객 응대를 우선으로 한다면, 이를 우선시하는 이유가 무엇인가? 연수의 내용은 어떠한가? 외관 디자인은 어떻게 바꿀 것인가? 어떤 집기를 선택할 것인가? 어떠한 청소 규칙을 만들 것인가? 그 규칙은 실제로 운용 가능한 것인가? 예산은 얼마나 드는가? 실시 일정은 어떠한가? 실시했을 때의 효과는 어떠한가? 이처럼 기본적으로 설명해야 할 것들이 수두룩하다.

이럴 경우 다음과 같이 단계별로 보고 계획을 짜보자.
먼저 일련의 정책을 종합적으로 진행하자는 제안을 보고한다. 그

다음에 최우선으로 해야 하는 정책으로 '고객 응대의 연수'의 승인을 얻고, 그 후 차례차례 청소 규칙화, 집기 교체, 외관 변경과 각론에 대하여 하나씩 개별적으로 발표를 이어나갈 것이다.

주제를 세분하면 자료를 각각 5~9장으로 요약하기가 훨씬 수월해진다. 물론 자료를 5~9장으로 요약하는 데 자신 있다면 2가지 주제를 정리해서 발표해도 무방하나 충분히 익숙해지기 전까지는 가급적 주제를 작게 나누는 편이 좋다.

| 도표 3-1 | 주제를 세분해 심플한 보고서 만들기 | |
|---|---|---|
| | **대상** | **행동** |
| **고객 서비스 개선** | ① 연수 실시 | 점장 연수 |
| **매장 청결** | ② 철저한 청소 | 청소 규칙화<br>미스터리 쇼퍼 제도 도입 |
| **매장** | ③ 집기 교체 | 집기 디자인 쇄신<br>집기 쇄신 매장의 선정<br>집기 교체 실시 |
| | ④ 외관 변경 | 외관 변경 매장 선택<br>외관 변경 실시 |

①→②→③→④ **순으로 발표를 진행한다**

## 주제는 세분하여 하나씩 보고하자

주제를 세분하는 것은 보고를 심플하게 만들 뿐더러 자신의 의견을 확실하게 전달할 수 있는 기회가 되기도 한다.

예를 들면 '매장 외관 변경'의 구체적인 대책에 대해 보고를 했는데 '새로운 외관 디자인이 매장의 이미지와 맞지 않는다'는 이유로 반려되었다고 치자. 그렇지만 '이미 매장의 외관 변경'을 시행하는 안건은 결재를 받아 놓은 상태라면, 다음 번에는 디자인에 대해서만 다시 보고를 하면 끝이다.

다시 말해 이제껏 보고를 통해 애써 전달한 의견을 굳이 다른 의견으로 처음부터 다시 전달할 필요가 없다는 뜻이다.

만일 모든 사항을 쪼개지 않고 한 번에 몰아서 보고 한다면 어떻게 될까?

줄줄이 상세 내용을 모조리 늘어놓게 되면 세부적인 부분에 대한 지적이 난무할 것이고, 아마 외관 디자인뿐만 아니라 이것저것 모두 지적을 받는 사태가 벌어질 수 있다. 이렇게 되면 보고한 안건이 모조리 반려될 위험이 있다. 이는 이전까지 쏟아부은 노력과 시간이 전부 물거품이 되는 것이기에 무척 비효율적이다.

그러므로 정석대로 주제를 세분해 한 가지씩 보고하고 착실하게 의견을 전달하자.

## 속도감 있는 보고의 기술

더불어 주제를 세분하면 제안에도 속도감이 생긴다. 자잘한 부분까지 전부 결정하고 나서 보고를 하려고 하면 아무래도 시간이 걸리기 십상이다. 그러면 회사의 사업 속도 역시 지체됨은 물론 "아직 멀었나?" 하고 괜스레 결재자에게 좋지 않은 인상을 심어주게 된다.

고로 주제를 세분하여 짧은 주기로 차례차례 보고를 하는 것이 좋다. 먼저 큰 방침에 대해 보고를 하고 나서, 세부 사항에 대해 보고를 하는 식으로 진행하자. 이렇게 하기만 해도 결재자는 '음, 충분히 검토하고 있군.' 하고 안심과 동시에 믿음을 가지게 된다. 이러한 심리도 결재률을 높이는 방법 중에 하나이다.

# 심플한 논리의 구성 방식

**04**

## 스토리는 한 가지 흐름으로 만들라

보고는 기본적으로 이해도가 높아야 한다.

그렇다면 이해하기 쉬운 보고란 무엇인가? 그야말로 심플한 논리를 바탕으로 전개되는 발표다. 보고에서 필요한 논리는 그저 딱 한 가지이다.

논리적인 전개(=스토리)에 따라 보고서를 정리하면 누구나 이해할 수 있는 보고가 된다. 이해를 돕기 위해 〔도표 4-1〕로 표현하였으니 참고하자.

보고의 스토리는 4단계, 즉 과제, 원인, 해결책, 효과 순으로 나열되어 있다. 그리고 저마다 '어째서?', '그래서 어떻게 할 것인가?', '그러면 어떻게 되는가?'라는 말로 이어져 있는데, 이 4단계만 차곡

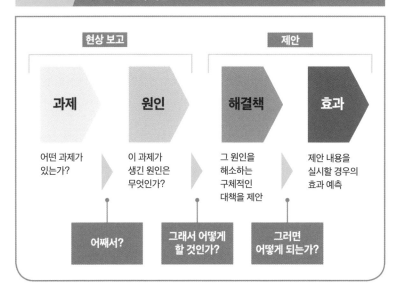

차곡 밟으면 논리적인 보고가 완성된다.


## 보고서의 4요소, 과제 → 원인 → 해결책 → 효과

　구체적으로 한번 생각해보자. 앞서 이야기한 소매기업의 경우라면, 과제는 매장 방문객 수의 대폭 감소다.

　이어서 '어째서?'라는 질문에 대한 답을 내놓아보자. 아마도 부서

내에서 검토하는 단계라면 '방문객 수의 감소 원인'을 밝히고자 고
객 설문조사, 직원 설문조사, 또는 미스터리 쇼퍼의 조사 등 갖가지
방법을 동원할 것이다. 그 결과 '고객 서비스에 대한 불만', '매장이
지저분하다', '매장 외관이 촌스럽다', '집기가 낡았다' 등의 원인이
드러날 것이다.

　주제는 세분하는 것이 정석이므로 이처럼 원인이 여럿일 경우에
는 그중 어느 한 가지로 주제를 좁히면, 훨씬 이해하기 쉽게 보고할
수 있다. 그러면 여기서는 '고객 서비스에 대한 불만'을 주제로 발
표하는 것을 고려하기로 하자. 참고로 여기까지가 '현상 보고'에 해
당하는 부분이다.

　다음은 '그래서 어떻게 할 것인가?'라는 질문에 답을 내놓을 차례다.
　방문객 감소 원인이 고객 서비스에 대한 불만이라는 현상에 대해
'이렇게 하면 그 원인을 해소할 수 있다' 하고 제안해야 한다. '점장
을 대상으로 고객 응대 연수를 실시하자', '전 직원을 대상으로 연
수를 하는 것이 더 좋지 않을까?', '고객 응대 매뉴얼을 배포하는 것
은 어떨까?' 등 부서 내에서 다양한 논의가 벌어질 텐데, 그중에서
가장 유효한 해결책을 제안하면 된다.

　단, 이 경우 앞서 밝힌 대로 필요한 비용과 일정도 함께 제안해야
한다. 해결책의 제안에서 '비용'과 '일정'은 떼려야 뗄 수 없다.

마지막으로 '그러면 어떻게 되는가?'라는 질문에 대답할 차례다.

'점장을 대상으로 하는 고객 응대 연수'를 제안한다고 해보자. 비용대비 효과를 계산해보고 최대한 그 효과를 구체적으로 보여주어야 한다. 물론 실제로 해보지 않는 한 정확하게 얼마만큼 효과를 거둘 수 있을지는 모르지만, 가능한 한 오차가 적도록 계산하여 수치화 해서 보여주어야 한다.

아울러 그 효과가 크다는 점을 설득력 있게 전달할 줄 알면 틀림없이 결재자에게서 OK 사인이 떨어진다.

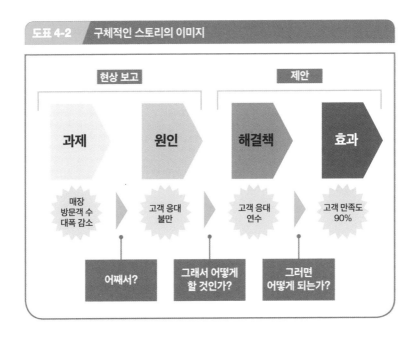

**도표 4-2** 구체적인 스토리의 이미지

현상 보고 / 제안

과제 → 원인 → 해결책 → 효과

| 매장 방문객 수 대폭 감소 | 고객 응대 불만 | 고객 응대 연수 | 고객 만족도 90% |

어째서? / 그래서 어떻게 할 것인가? / 그러면 어떻게 되는가?

이처럼 과제, 원인, 해결책, 효과 이 4가지 요소를 확실하게 제시할 줄 알면[도표 4-2], 논리 정연하고 이해도가 높은 보고가 가능하며, 결재자 역시 어렵지 않게 의사결정을 할 수 있다.

# 논리정연한
# 보고서의 포인트

## 결론과 근거는 바늘과 실

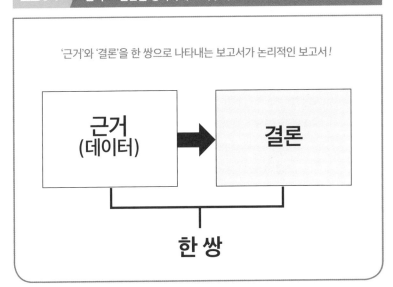

논리 정연한 보고서를 만드는 데 중요한 포인트가 한 가지 더 있다. 반드시 '결론'과 '근거'를 한 쌍으로 제시해야 한다(도표 5-1). 그리고 이때 근거는 가능한 한 데이터로 보여주어야 한다.

앞서 예시한 소매기업의 경우로 자세히 알아보자.
이 경우에서 먼저 '고객 응대 연수'를 제안한다면, 어째서 철저한 청소나 외장 변경보다 고객 응대 연수를 일순위로 추천하는지에 대해 설득력 있는 근거(데이터)를 보여줄 필요가 있다.

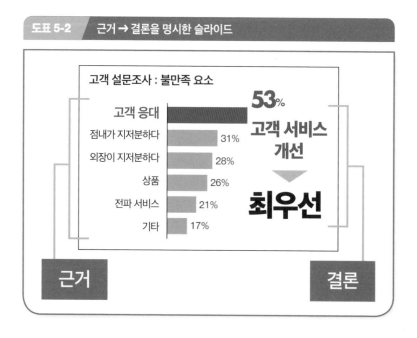

도표 5-2    근거 → 결론을 명시한 슬라이드

고객 설문조사 : 불만족 요소

고객 응대    53%
점내가 지저분하다    31%    고객 서비스 개선
외장이 지저분하다    28%
상품    26%    ↓
전파 서비스    21%    최우선
기타    17%

근거    결론

이를 위해서는 〔도표 5-2〕와 같이 고객 설문조사를 실시한 결과, 고객 서비스가 고객의 불만족 요소 1위라는 사실을 보여주어야 한다. 그러면 결재자는 보나 마나 "음, 역시 고객 서비스 개선을 최우선으로 해야겠군." 하고 고개를 끄덕일 것이다.

결론과 근거는 바늘과 실이다. 논리 정연한 보고서를 만드는 데는 반드시 '근거(데이터) → 결론'을 한 쌍으로 제시하는 것이 정석이다.


## 탄탄한 논리를 세우는 법


더욱이 '근거 → 결론'은 '과제 → 원인 → 해결책 → 효과'라는 식의 보고 스토리와 굳게 맞물려 구성된다.

〔도표 5-3〕을 통해 구체적으로 살펴보자.

이 도표는 '방문 고객 수의 감소'라는 과제에 대한 해결책을 제안하는 보고서 슬라이드다. 보고의 스토리는 다음과 같다.

일단 '방문 고객 수의 감소'라는 문제의 원인은 '고객 만족도의 저하'에 있다. 그 원인을 해결하는 가장 중요한 포인트는 '고객 서비스 개선'이다. 따라서 '점장 대상의 고객 응대 연수 실시'라는 해결책을 제안한다. 그러면 고객 만족도가 90%까지 상승하는 효과를 기대할 수 있다.

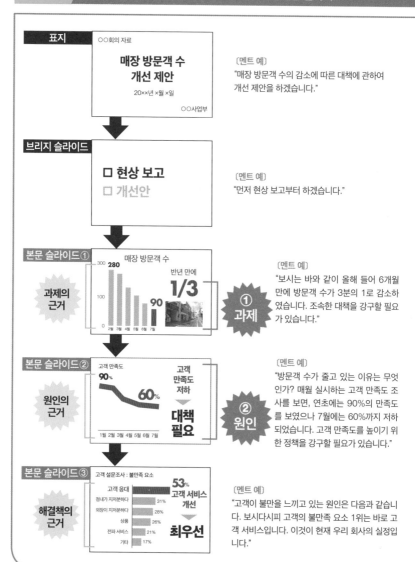

**표지**

○○회의 자료

**매장 방문객 수 개선 제안**

20××년 ×월 ×일

○○사업부

〔멘트 예〕
"매장 방문객 수의 감소에 따른 대책에 관하여 개선 제안을 하겠습니다."

**브리지 슬라이드**

□ **현상 보고**
□ 개선안

〔멘트 예〕
"먼저 현상 보고부터 하겠습니다."

**본문 슬라이드①**

**과제의 근거**

매장 방문객 수
280
반년 만에
1/3
90
2월 3월 4월 5월 6월 7월

① 과제

〔멘트 예〕
"보시는 바와 같이 올해 들어 6개월 만에 방문객 수가 3분의 1로 감소하였습니다. 조속한 대책을 강구할 필요가 있습니다."

**본문 슬라이드②**

**원인의 근거**

고객 만족도
90%
60%
고객 만족도 저하
**대책 필요**
1월 2월 3월 4월 5월 6월 7월

② 원인

〔멘트 예〕
"방문객 수가 줄고 있는 이유는 무엇인가? 매월 실시하는 고객 만족도 조사를 보면, 연초에는 90%의 만족도를 보였으나 7월에는 60%까지 저하되었습니다. 고객 만족도를 높이기 위한 정책을 강구할 필요가 있습니다."

**본문 슬라이드③**

**해결책의 근거**

고객 설문조사 : 불만족 요소
고객 응대
정비가 지저분하다　31%
외장이 지저분하다　28%
상품　26%
전파 서비스　21%
기타　17%
53% 고객 서비스 개선
**최우선**

〔멘트 예〕
"고객이 불만을 느끼고 있는 원인은 다음과 같습니다. 보시다시피 고객의 불만족 요소 1위는 바로 고객 서비스입니다. 이것이 현재 우리 회사의 실정입니다."

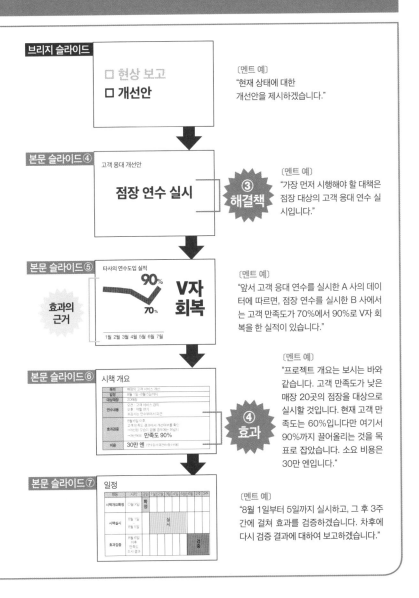

**브리지 슬라이드**

□ 현상 보고
□ 개선안

〔멘트 예〕
"현재 상태에 대한
개선안을 제시하겠습니다."

**본문 슬라이드④**

고객 응대 개선안

점장 연수 실시

③ 해결책

〔멘트 예〕
"가장 먼저 시행해야 할 대책은
점장 대상의 고객 응대 연수 실
시입니다."

**본문 슬라이드⑤**

타사의 연수도입 실적

90%
70%
V자 회복

1월 2월 3월 4월 5월 6월 7월

효과의 근거

〔멘트 예〕
"앞서 고객 응대 연수를 실시한 A 사의 데이
터에 따르면, 점장 연수를 실시한 B 사에서
는 고객 만족도가 70%에서 90%로 V자 회
복을 한 실적이 있습니다."

**본문 슬라이드⑥**

시책 개요

④ 효과

〔멘트 예〕
"프로젝트 개요는 보시는 바와
같습니다. 고객 만족도가 낮은
매장 20곳의 점장을 대상으로
실시할 것입니다. 현재 고객 만
족도는 60%입니다만 여기서
90%까지 끌어올리는 것을 목
표로 잡았습니다. 소요 비용은
30만 엔입니다."

**본문 슬라이드⑦**

일정

〔멘트 예〕
"8월 1일부터 5일까지 실시하고, 그 후 3주
간에 걸쳐 효과를 검증하겠습니다. 차후에
다시 검증 결과에 대하여 보고하겠습니다."

이 스토리는 '어째서? 그래서 어떻게 할 것인가? 그러면 어떻게 되는가?'라는 확실한 논리를 바탕으로 한 인과관계와 단단히 맞물려 있다. 또한 아래와 같이 '과제 → 원인 → 해결책 → 효과'의 근거 (데이터)도 전부 명확하게 나타나 있다.

- 과제 = 방문 고객 수의 감소 ← 〔근거〕방문 고객 수 감소를 나타내는 그래프
- 원인 = 고객 만족도의 저하 ← 〔근거〕고객 만족도 저하를 나타내는 그래프
- 해결책 = 점장 대상의 고객 응대 연수 실시 ← 〔근거〕고객 설문조사
- 효과 = 고객 만족도가 90%까지 상승 ← 〔근거〕사내 실적 데이터

| 도표 5-4 | 논리 정연한 보고서의 이미지 |

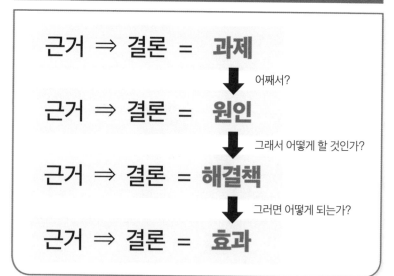

근거 ⇒ 결론 = **과제**

↓ 어째서?

근거 ⇒ 결론 = **원인**

↓ 그래서 어떻게 할 것인가?

근거 ⇒ 결론 = **해결책**

↓ 그러면 어떻게 되는가?

근거 ⇒ 결론 = **효과**

이와 같이 논리 정연한 보고서는 4단계의 스토리를 '근거 → 결론'이라는 논리가 단단히 받치고 있다.

# 본문 슬라이드는
# 핵심 논리만 남겨라

## 이것저것 다 설명하자는 생각은 버려라

심플하고 논리적인 보고서는 보고를 성공으로 이끄는 원칙이다. 심플한 자료를 만드는 데 중요한 포인트가 한 가지 더 있다. 바로 이것저것 다 설명하자는 생각을 버리는 것이다.

흔히 기획이나 사업 내용을 검토할 때에는 각종 데이터를 싹싹 긁어모으기 마련이다. 그리고 나서 근거를 확고하게 굳힌 후 보고서 작성에 착수한다. 이는 지극히 당연한 방식이다. 하지만 이런 방식이 바로 복잡한 보고서를 생산하는 원인이 된다.

자칫 검토 과정에서 누락되는 실수 없이 논리적인 보고서를 만들고자 수집한 데이터와 요소를 빠짐없이 꾹꾹 눌러 담기 십상인데

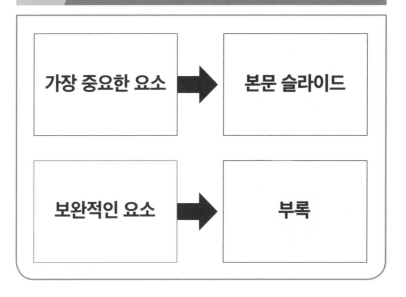

도표 6-1 본문 슬라이드에 반드시 남길 자료

가장 중요한 요소 ➡ 본문 슬라이드

보완적인 요소 ➡ 부록

각별히 주의해야 한다.

물론 보고서는 철저하게 논리적으로 구성해야 한다. 그렇다고 보고서 본문 슬라이드에 모든 것을 담으려 하다 보면 5~9장으로 본문 슬라이드를 완성하기 어렵다. 또한 그렇게 만든 보고서는 결과적으로 결재자에게 굉장히 이해하기 어려운 보고서로 낙인이 찍힌다.

그렇다면 어떻게 해야 할까? 본문 슬라이드에는 결재자를 설득하기에 충분한 가장 강력한 요소만을 엄선하여 핵심적인 논리만 보여주자. 그리고 그 외 보완적인 요소는 전부 부록(별첨자료)으로 넘기자. 그리고 보고 후 결재자가 "자네, 이 건에 대해서는 검토 안 했나?" 등의 질문을 던질 경우 부록 중에서 해당 슬라이드를 찾아 보여주고 적절히 설명을 덧붙이면 전달하고자 했던 의견을 전달할 수 있다.

## 결재자의 눈에 가장 중요한 요소는 무엇인지 선별하기

예를 들어 점장 연수를 해결책으로 제안하는 경우라면, 아마 '고객 응대 연수를 최우선으로 해야 한다'는 제안을 뒷받침하기 위해 다양한 데이터를 확인했을 것이다. 고객 설문조사, 미스터리 쇼퍼, 현장 직원들 대상 설문조사, 인터넷상에서 자사 매장에 관한 글을 모아서 분석하는 등의 방법으로 데이터를 모았을 것이다. 그런데 이 모든 요소를 본문 슬라이드에 담는다면 어떻게 해도 5~9장으로 완성하기에는 무리다.

때문에 결재자에게 가장 설득력 있는 요소만 엄선해서 본문에 담고, 그 외에는 부록으로 정리해야 한다.

〔도표 5-3〕에 있는 본문 슬라이드의 구성을 다시 한 번 살펴보자.

여기서는 '고객 설문조사 결과'만 보여주고 있는데, 그 이유는 결재자가 가장 중시하는 것이 다름 아닌 '고객 의견'이기 때문이다. 그런 의미에서 그 외에 '미스터리 쇼퍼 조사 결과', '직원 설문조사 결과' 등은 보완적인 데이터에 해당하므로 전부 부록으로 넘긴다[도표 6-2].

결국 심플한 보고서를 만드는 데 있어서 무엇보다 중요한 능력은 일의 핵심을 가려내는 눈이다.

기획을 검토하는 단계에서 '제안 내용을 전달하는 데 가장 중요한

**도표 6-2** 보충 슬라이드는 전부 부록으로 만들자

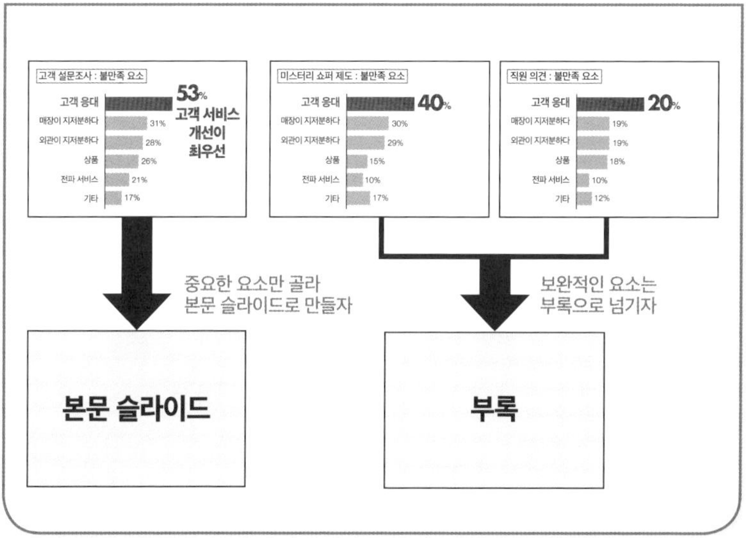

요소는 무엇인가? 결재자에게 가장 설득력 있는 데이터는 무엇인가?' 하는 시점으로 한껏 끌어모은 요소의 중요함을 선별하는 역량을 길러야 한다.

# 2가지 방안을 제안하여 채택률을 높여라

## 사람은 선택하려는 심리가 있다

보고서의 결재률을 높이는 비장의 묘수가 있다. 바로 2가지 방안을 제안하는 것이다. 과제를 해결하고자 고심한 사람의 입장에서는 1가지 아이디어에 사활을 걸고 싶은 생각이 들 수도 있다. 그렇지만 경험상 A안과 B안, 즉 2가지 방안을 제시하는 것이 훨씬 효율적이다.

그 이유는 사람은 누구나 선택지가 없으면 '더 좋은 게 있을지도 몰라' 하고 생각하는 경향이 있기 때문이다[도표 7-1]. 역으로 선택지를 보여주면 그중에서 '더 좋은 것을 고르자' 하는 사고가 생긴다. 그 결과 의사결정이 긍정적인 방향으로 움직이는 경우가 많다. 또한 2

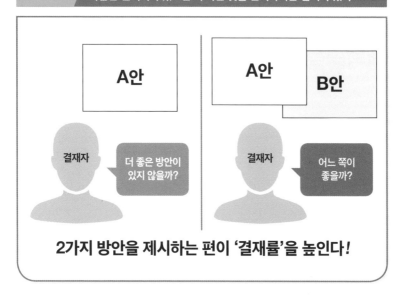

도표 7-1　사람은 선택지가 있으면 더 나은 것을 선택하려는 심리가 있다

A안

A안

B안

결재자

더 좋은 방안이
있지 않을까?

결재자

어느 쪽이
좋을까?

2가지 방안을 제시하는 편이 '결재률'을 높인다!

가지 방안을 제시함으로써 제법 심사숙고한 제안이라는 인상을 은 근히 줄 수 있다는 이점도 있다.

## 장점과 단점을 슬라이드 1장에 정리하자

다시 앞의 사례처럼 고객 응대 연수를 제안한다고 가정해보자. A안으로는 점장 연수 실시, B안으로는 매장 직원 전원 연수 실시를

제안하는 것을 생각할 수 있다. 이처럼 2가지 방안을 제시하면 결재
자의 뇌는 '진정으로 고객 서비스를 우선시해야 하는 것인가?'라는
사고가 아닌 '점장 연수와 직원 전원 연수 중 어느 쪽이 좋을까?'라
는 방향으로 사고가 전환된다. 즉, 고객 응대 연수 실시가 선택되기
쉬워진다.

슬라이드는 〔도표 7-2〕처럼 만들어보자. 먼저 2가지 방안을 나열
한 슬라이드를 준비한다. 그 다음 각각의 장점과 단점을 정리한다.

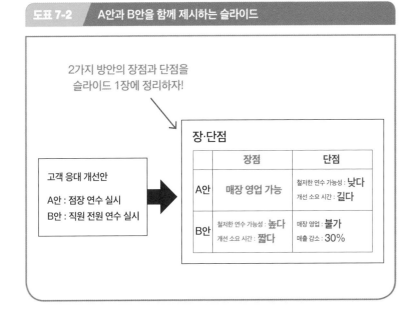

도표 7-2    A안과 B안을 함께 제시하는 슬라이드

2가지 방안의 장점과 단점을
슬라이드 1장에 정리하자!

고객 응대 개선안

A안 : 점장 연수 실시
B안 : 직원 전원 연수 실시

**장·단점**

|  | 장점 | 단점 |
|---|---|---|
| A안 | 매장 영업 가능 | 철저한 연수 가능성 : **낮다** 개선 소요 시간 : **길다** |
| B안 | 철저한 연수 가능성 : **높다** 개선 소요 시간 : **짧다** | 매장 영업 : **불가** 매출 감소 : **30%** |

점장 연수보다는 매장 직원 전원 연수 쪽이 더욱 철저한 연수가 가능하지만 매장 직원 전원 연수를 실시하기 위해서는 매장을 닫아야 하므로 그만큼 매출이 감소한다. 이러한 장점과 단점을 이해하기 쉽게 슬라이드 1장에 정리하면 그만큼 결재자 입장에서도 판단을 내리기 쉬워진다.

혹 제안 내용이 다소 복잡한 경우에는 2가지 방안을 나열한 슬라이드 뒤에 A안과 B안, 각각에 대한 개요를 전달하는 슬라이드를 1장씩 삽입하는 방법도 있다. [도표 7-2]와 같이 간단한 제안일 경우에는 군이 필요할까 하는 생각이 들 수도 있다. 하지만 결재자의 이해를 돕는다는 관점에서 개요 슬라이드 정도는 나누어서 만드는 것이 좋다.


## 어느 방안을 추천하는지 명확하게 제안하자

단, 2가지 방안을 제시할 때 각별히 주의해야 할 점이 있다.

첫째, 방향성이 서로 다른 2가지 방안을 제시하는 것은 좋지 않다. 예를 들어 고객 만족도를 높이기 위해서 고객 응대 연수와 깨끗한 매장 만들기, 이렇게 2가지 방안을 제안하는 보고는 분명 문제가 될 수 있다. 2가지 방안이 사뭇 다른 방향성을 가지고 있기 때문에 결재자는 "좀 더 심사숙고한 후에 제안할 필요가 있겠군." 하고 판단한다. 그러면 애써 준비한 보고서가 반려될 가능성이 높아진다.

따라서 2가지 방안을 제안할 때에는 방향성은 같되 세부적인 부분이 서로 다른 방안을 제시하는 것이 좋다. 만일 신상품 시범 판매를 시행하고 싶다는 제안을 한다면, 판매 매장 수가 '많을 경우'와 '적을 경우' 이렇게 2가지 방안을 제시한다. 또는 시범 판매 기간에 따라 '장기간'과 '단기간'의 2가지 방안을 제시한다. 아니면 시범 판매만 시행한다는 제안, 시범 판매에 더하여 새로운 프로모션도 함께 시행하는 것을 제안하는 것도 좋은 방법이다.

이처럼 핵심이 같은 2가지 방안을 제안하라. 이렇게 하면 만일 2가지 방안이 모두 부결되어 다시 제안해야 하는 최악의 상황이 발생하더라도 '시범 판매를 시행한다'는 제안 자체는 승인받을 확률이 높아질 수 있다. 이 역시 한 발자국 앞으로 나아가는 것과 마찬가지이므로 승인에 가까워지는 결과를 얻을 수 있다.


둘째, 2가지 방안 중에서 어느 쪽을 추천할지를 확실히 정해서 보고하라.

가끔 '아무려면 어떤가, 어느 쪽이든 하나만 걸려다오.' 이런 자세로 보고를 하는 사람이 있는데, 이는 보고자가 2가지 방안에 모두 확신이 없다는 인상을 풍긴다. 강한 의지를 보이며 "저는 ○○한 이유로

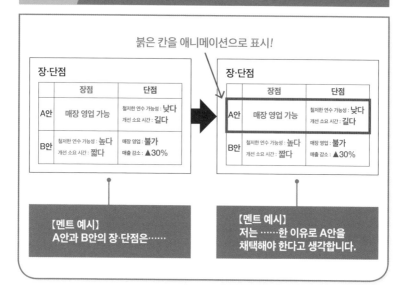

A안을 추천합니다." 하는 식으로 자신의 의견을 분명히 밝히자.

　이러한 경우에는 〔도표 7-3〕과 같이 슬라이드에 애니메이션 효과
를 넣어 활용하는 방법이 적합하다. 장점·단점의 슬라이드를 보여
주면서 2가지 방안에 대해 상세하게 설명한 후, 애니메이션 효과를
이용하여 A안의 테두리를 붉은 선으로 강조하면서 "저는 ○○한 이
유로 A안을 추천합니다." 하고 의견을 분명히 전달하면 시각적으로
도 집중이 되어 더욱 효과적이다.

# 필수적인 사전 점검
## 요소 *3가지*

### '정말로 이익을 창출하는 일인가?' 재무적 관점

보고서 작성에 착수하기 전에 누가 뭐라 해도 확인해 두어야 할 것이 있다. 행여 이를 소홀히 하고 슬라이드 작성에 들어갔다가 상사에게 자료 준비에 대한 지적을 받기라도 하면, 보고서를 처음부터 다시 만들어야 할 수도 있다. 설사 그대로 보고에 임하더라도 반려되기 쉽다. 이와 같은 비효율을 피하기 위해서라도 다음의 3가지 포인트에 대해서는 반드시 자료가 충분히 갖추어져 있는지 확인하는 습관을 들이도록 하자〔도표 8-1〕.

첫째, 제안하는 사업을 실제로 실시한다면, 정말로 이익을 창출할 것인가? 하는 재무적인 관점이다. 기업은 어디까지나 영리사업체다. 결재자가 "이익이 날 것 같지는 않지만 좋은 아이디어로군." 이런 이유로 OK 사인을 내리는 일은 없다.

그러므로 무슨 제안이든 현상보다는 수익 상승이나 비용 절감 등 어느 정도는 재무적인 데이터가 개선되는 것을 목표로 해야 한다. 이때 반드시 짚고 넘어가야 할 것이 2가지가 있는데 바로 '비용'과 '매출·수익예측'이다.

먼저 비용은 사업을 실시하는 데 필요한 비용을 분명히 나타내야 한다. 물론 부서 내에서 사업 내용을 검토할 때 면밀히 비용 계산을 할 테지만, 보고서를 만들 때에도 재차 정밀하게 확인해야 한다.

가능하다면 직접 시험 계산한 비용을 회계 관리 부서 등 사내 전문가에게 확인을 요청하는 것도 좋다. 전문적인 관점을 거치면 그만큼 정밀도가 높아지는 것은 물론 결재자 역시 전문 부서의 확인을 거친 수치라는 사실에 신뢰도가 높아지기 때문에 굉장히 중요하다.

비용 관련 부분은 보고서 본문 슬라이드 중 '개요 슬라이드'에 숫자만 눈에 띄도록 싣는 정도면 충분하다. 그렇지만 상세한 계산 근거는 부록에 수록해두어야 한다. 그리고 결재자가 "비용 계산의 근거가 무엇인가?"라고 질문을 던지면 부록을 보여주면서 설명하되 "관리 부서에서도 확인한 숫자입니다."라고 한마디 덧붙이는 센스를 발휘해 보자. 결재자가 흡족해 하는 얼굴을 볼 수 있을 것이다.

다음은 매출·수익 예측이다.

제안하는 사업을 실시함에 따라 어느 정도의 매출과 수익을 거둘 수 있을지, 즉 '효과'를 명시해야 한다. 물론 어디까지나 예측이므로 100% 근거를 제시하는 것은 불가능하지만, 이 내용이 설득력이 있는지 여부에 따라 보고의 결재 여부가 정해진다고 해도 과언이 아니다. 최선을 다해 지혜를 모아야 한다.

통상적인 사업 제안이라면 과거 유사한 사업을 시행한 경우가 많을 테니 과거의 데이터를 보여주면 설득력이 더해진다. 가장 먼저 자사와 타사, 국내와 해외를 막론하고 유사한 사업을 찾아내어 그 데이터를 근거로 사용하는 것을 검토해 보라.

과거 데이터가 없는 경우라면, 리서치(조사)를 실시하여 결과로 나온 데이터를 근거로 제안한다. 혹 리서치를 실시하는 데 예산 배정이 어려운 경우에는 시범 실시를 제안하는 방법을 활용하는 것도 방법이다. 효과 검증에 필요한 샘플 수를 넉넉히 확보할 수 있는 최소 시범(일수·지역·매장을 한정하는 등)을 제안하는 것이 적절하다.

만일 매출·수익예측의 근거가 빈약하다는 생각이 든다면 반드시 상사나 관련 부서에 상담하면서 개선해나가자.


## '현장에서 제대로 운영될 수 있는가' 실현 가능성

둘째, 실현 가능성이다. 제아무리 데이터상으로는 효과가 충분히

| ①<br>재무적 관점 | '정말로 이익을<br>창출할 만한 일인가?' |
|---|---|
| ②<br>실현 가능성 | '정말로 현장에서<br>제대로 운영될 수 있는가' |
| ③<br>경영이념 | '회사의 경영이념에<br>부합하는 제안인가' |

예상되는 아이디어라고 하더라도 현장에서 실현 가능성이 없는 제안이라면 의미가 없지 않은가?

이를테면 소매 매장에서 염가 판매를 하면 더 많은 고객을 끌어모을 수 있는 것은 사실이다. 그러나 현장 운영에 차질이 생기면 문제가 생길 수밖에 없다. 그 결과 예측했던 방문 고객 증가는 당연히 불가능해지고 고객에게는 민폐를 끼치고, 현장의 의욕을 저하시키는 등 회사에 끼치는 손해가 생길 수 있다.

획기적인 홍보 계획을 세우더라도 영업 현장에서 제대로 대응하지 못하는 일도 있다. 또 상품 디자인을 변경하고자 하더라도 공장 라인을 재편성할 필요가 있기 때문에 실현 불가능한 경우도 있다.

이러한 이유로 결재자는 겉보기에는 그럴듯한 제안이더라도 '정말로 실현 가능한 것인가?', '현장에서 제대로 운영될 법한가?' 하는 불안을 늘 안고 있다. 때문에 이러한 불안을 해소할 만한 자료를 충분히 잘 갖추었는지 거듭 확인해야 한다.

당신이 해야 할 일은 단 하나다. 제안하고자 하는 사업과 관련된 부서에 이를 제대로 설명하고 아울러 실현 가능성이나 주의사항을 귀담아 듣는 일이다. 그리고 발표시 "현장 확인은 끝난 상태입니다."와 같은 한마디를 덧붙이면, 결재자는 좀 더 안심하고 OK 사인을 내릴 것이다.

## '회사의 경영이념에 부합하는 제안인가?' 경영자적 시점

셋째, 경영이념과 논리적인 모순이 없는가이다. 아무리 매출과 수익이 쑥쑥 올라가고, 실현 가능성이 있다고 해도 이것만으로는 부족하다. 경영이념이나 회사의 기본 방침이 추구하는 방향성과 맞지 않는 제안은 인정받지 못한다.

일반 사원들은 평소 특별히 의식할 일이 없겠지만, 의사결정을 내릴 때 결재자가 최종적인 기준으로 삼는 것은 다름 아닌 경영이념이다. 소프트뱅크의 경우에는 경영이념이 '정보혁명으로 사람들을 행복하게'이다. 그러므로 엄청난 수익을 올릴 수 있다고 해도 사람들을 불행하게 만드는 제안이 통과되는 일은 일체 없다. 손정의 회장은 그런 제안을 인정하지 않는다.

물론 평사원이 보고서에 경영이념을 들먹거린다거나 발표시 "경영이념에도 있듯이……"라며 설명하는 것은 다소 과한 언행이므로 굳이 그럴 필요까지는 없다.

그렇지만 보고서 작성 작업에 착수하기 전에 한 번 더 '이제부터 완성해나갈 보고서가 진정 우리 회사의 경영이념에 부합하는 것일까?' 하고 자문하는 것은 자못 중요하다. 더불어 '틀림없이 경영이념을 실현하는 데 도움이 되는 제안이다' 하고 납득한 후 자료 만들기에 착수한다면, 설득력이 크게 상승할 것이다.

# 보고서 작성은
# 브레인스토밍 후 시작하라

## 사전에 슬라이드 이미지 구축하기

보고서 작성을 시작할 때, 무턱대고 파워포인트Powerpoint나 키노트Keynote와 같은 프레젠테이션 소프트웨어를 가동하는 것은 좋지 않다. 먼저 종이와 펜을 준비하고, 이제까지의 기획·사업 내용을 검토하는 과정에서 수집한 데이터를 손으로 써내려가면서 정리해보자. 이른바 '나 홀로 브레인스토밍'을 하자는 것인데, 느닷없이 불쑥 보고서 작성을 하는 것보다는 꽤 효율적으로 적절한 자료를 만들 수 있다.

참고로 〔도표 9-1〕과 같은 양식에 적으면 편리하다. 과제, 원인, 해결책, 효과 순의 스토리를 따라 결론과 근거(데이터), 비주얼(슬라이드에 게재할 사진 등)을 차례차례 적어 내려간다〔도표 9-2〕.

|      | 결론 | 근거(데이터) | 비주얼 |
|------|------|------------|--------|
| 과제 |      |            |        |
| 원인 |      |            |        |
| 해결책 |    |            |        |
| 효과 |      |            |        |

먼저 과제, 원인, 해결책, 효과에 적은 내용이 '어째서? 그래서 어떻게 할 것인가? 그러면 어떻게 되는가?'라는 인과관계로 이어지는지를 확인해야 한다. 물론 기획·사업의 검토 단계에서 이미 여러 차례 확인했겠지만, 이 단계에서 아무래도 좀 이상하다거나 무언가 부족하다는 생각이 드는 경우도 있으므로 반드시 다시 한 번 신중하게 확인하자.

그 다음은 각각의 근거를 써내려간다. 한 가지 결론에 대해 근거가 여럿인 경우도 있는데 빠짐없이 전부 적어두자. 근거를 쭉 살펴

|  | 결론 | 근거(데이터) | 비주얼 |
|---|---|---|---|
| 과제 | 매장 방문객 감소 | 방문객 추이 데이터<br>(과거 6개월분) | 매장 사진 |
| 원인 | 고객 만족도 저하 | 고객 만족도 조사<br>(과거 6개월분) | ~~직원 사진?~~ |
| 해결책 | 고객 응대 연수<br>○점장 연수?<br>x 전 직원 연수? | ○고객 설문조사<br>△미스터리 쇼퍼 보고<br>△직원 의견 듣기<br>x SNS에서 수집한 고객 의견 |  |
| 효과 | 고객 만족도 90% | 타사의 연수도입 실적 | ~~고객의 웃는 모습 사진~~ |

보면 '어느 것이 중요한 근거이고, 어느 것이 보충 근거인지' 즉 일의 핵심이 점차 보이기 시작하므로 등한시하지 말자.

핵심을 구분할 줄 알면 불필요한 요소를 두 줄로 그어 지우거나 본문 슬라이드에 넣을 요소에는 '○', 부록에 넣을 요소에는 '△' 표시를 하는 것도 요령이다. 이 작업을 통해 앞으로 만들어야 할 슬라이드의 이미지가 한층 명확해진다.

또한 이 단계에서 슬라이드에 사용할 비주얼 자료 등의 요소도 생각나는 대로 적어두면 상당히 도움이 된다. 실제로 슬라이드를 만드는 단계에서 메모해둔 것을 참고하면 필요한 비주얼 자료를 센스 있게 모을 수 있다.


## 관련 부서 직원들과 브레인스토밍 하기

　나 홀로 브레인스토밍을 통해 보고서의 이미지가 잡히면 상사나 선배에게 보여주고 조언을 구하자. 그리고 가능하면 관련 부서 직원들을 모아 브레인스토밍을 할 기회를 마련해보자. 그렇게 하면 보고에 대한 준비를 좀 더 완벽하게 할 수 있다.

　관련 부서의 직원들과 함께 브레인스토밍을 하는 것은 2가지 의미가 있다.

　첫째, 타부서의 관점으로 자료를 확인해주면 누락 실수를 보다 손쉽게 잡아낼 수 있으며, 기상천외한 아이디어를 얻거나 "이 데이터보다 더 적절한 데이터가 있어." 하고 쉽게 조언을 얻을 수 있어 일거양득이다.

　둘째, 이를 통하여 관련 부서의 동의를 얻을 수 있다. 아무리 기획·사업의 검토 단계에서 충분한 협의를 거쳤다 하더라도 자칫 보고 단계에서 관련 부서의 최종 확인을 얻지 못하면 뜻하지 않게 일을 그르칠 우려가 있기 때문에 상당히 중요하다. 따라서 열과 성을 다하여 의견을 모으고 미리미리 동의를 얻어 두는 것이 결재률의 상승으로 이어지는 길이다.

이뿐만이 아니다. 이 단계에서 확인을 얻는 것은 '실제로 이 제안이 채택되면, 관련된 부서와 동고동락하게 될 테니 잘 부탁합니다.'라는 뜻이 담긴 일종의 선언이기도 하다. 관련 부서와의 브레인스토밍 실행 여부에 따라 실시 단계에서의 상호 협력에도 차이가 커지는 수가 있다.

한편 브레인스토밍할 때의 인원수도 마법의 숫자인 '7±2'를 의식하여 계획하는 것이 효율적이다. 이 인원수를 넘으면 토론이 원활하게 이루어지지 않으므로 마법의 숫자의 범위 내에서 관계자를 모으자. 한편 토론시간을 30분으로 정했다면, 30분이라는 시간을 칼같이 지켜야 한다. 시간 약속을 잘 지키는 일은 참가자들의 시간적인 부담도 줄이고 토론에 한층 더 집중할 수 있는 환경을 조성하므로 각별히 신경써야 한다.

한편 바쁜 관계자를 한데 불러 모으는 것이 어려울 때도 있다. 그럴 때에는 한 사람씩 돌면서 확인을 받는 것도 좋다. 메일로 확인하는 것도 나쁘지 않지만, 되도록 직접 얼굴을 맞대고 이야기하는 편이 훨씬 효과적이다.

관련 부서와의 브레인스토밍 과정을 거치고 나서야 비로소 보고서를 작성하는 단계에 이른다.

나는 일단 꼼꼼하게 메모한 요소를 빠짐없이 전부 보고서 슬라이드로 만드는 방법을 쓰고 있다. 이 단계에서는 담아야 할 텍스트와 그래프(가공하기 전의 원 데이터)만 첨가한 슬라이드면 충분하다. 그 상태에서 본문 슬라이드를 스토리에 따라 늘어놓으면서 본문 슬라이드에 필요 없는 슬라이드는 부록으로 넘기고 저장한다.

그리고 어느 정도 형태가 갖추어지면 본문 슬라이드를 한 장 한 장, 한눈에 본 순간 곧바로 이해할 수 있도록 심플한 슬라이드로 가공한다. 이 필살기에 대해서는 2장에서 자세히 살펴보자.

# KEY POINT

· 보고는 3분 만에 끝내는 것을 원칙으로 삼아라.

---

· 보고서 슬라이드는 5~9장 분량으로 정리하자.

---

· 보고 주제와 관계 없는 요소는 깔끔하게 정리한다.

---

· 근거와 결론은 명확하게 표현한다.

---

· 2가지 방안을 만들어 1가지를 선택할 수 있게 한다.

---

· why - what - how - if를 항상 염두에 둔다.

---

· 이익 창출, 실현 가능성, 경영이념은 반드시 짚고 넘어간다.

# 2장

# 보고서를
# 읽게 하지 마라

보고를 할 때 상사에게 전달되는 보고서에는
읽을거리가 너무 많아서는 안 된다.
자신만의 키 메시지를 작성하되 글자 수가 13자를 넘지 않도록 한다.
키 메시지의 경우 슬라이드의 어느 곳에 배치할 것인지,
어떤 색상을 활용해 메시지를 전달할 것인지
선택하는 것이 관건이다.

# 10

## 표지부터 쪽번호까지
## 보고서의 기본 형태 갖추기

### 슬라이드 비율은 4:3을 선택하자

보고서에서 중요한 것은 겉보기에 화려하고 좋은 것이 아니다. 무엇보다 우선시해야 할 점은 이해하기 쉬워야 한다는 것이다. 한 번 보기만 해도 그 슬라이드가 무엇을 의미하는지 파악이 가능해야 훌륭한 보고서라 할 수 있다. 지금부터 손색없는 보고서를 만들기 위해 염두에 두어야 할 점을 살펴보자.

우선 슬라이드의 크기다. 파워포인트나 키노트의 초기 설정은 대부분 4:3으로 되어 있는데, 이 설정을 변경하지 않도록 하자〔도표 10-1〕.

'16:9 크기가 현장감이 있어 보기도 좋고 더 돋보이지 않나?' 간

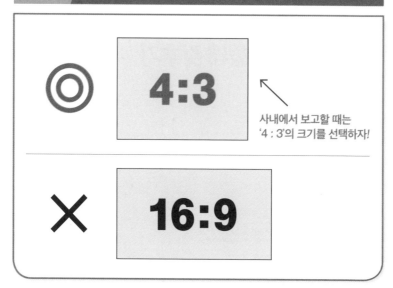

도표 10-1  슬라이드 크기는 4:3을 기억하자

4:3

사내에서 보고할 때는
'4 : 3'의 크기를 선택하자!

16:9

혹 이러한 이유로 크기를 변경하는 사람이 있는데, 사실 추천할 만
하지 않다.

16:9 크기의 와이드 스크린이 적합한 경우는 흔히 CEO가 대외
적으로 경영 비전을 전달할 때, 혹은 주주총회장 같은 데서 발표를
할 때 외에는 없다. 특별히 감정에 호소할 필요가 없는 통상적인 보
고에서는 눈에 익숙한 4:3 크기가 보기에도 편하고 거부감도 없어
서 더 좋다.

## 제목은 목적이 담긴 13글자 이내로 정리하자

슬라이드에는 반드시 표지를 만들어 붙여라.

제목은 표지 슬라이드 한가운데에 크게 표시한다. 표지가 보이는 순간 곧바로 주제를 이해하게 되고 결재자도 자연스레 이야기를 듣는 자세로 돌입하게 된다.

제목은 한눈에 이해할 수 있도록 가능한 짧게 붙이는 것이 좋다. 뒤에서 자세히 설명하겠지만, 제목이나 키 메시지는 13자 이내로 하는 것이 정석이다. 그리고 제목은 '매장 방문객 수를 늘리는 해결책의 제안'처럼 길게 문장 식으로 만들지 말고 '매장 고객 유치 개선 제안'과 같이 명사형으로 간결하게 요약하자.

또한 '점장 연수 실시 제안' 등과 같이 제안 내용을 제목으로 따오는 것이 아닌 '매장 고객 유치 개선 제안'과 같이 해결해야 할 과제를 제목으로 삼는 것이 좋다. 뜬금없이 '점장 연수 실시'라는 해결책을 제목으로 제시하면 '지금 이건 무엇을 위한 발표지?' 하고 결재자가 이해할 수 없어 고개를 갸우뚱거리는 상황이 발생한다. 쉽게 말해 제목에서는 보고의 목적을 나타낸다고 생각하면 된다.

## 회의명과 날짜 표기하기

    그리고 표지에서 꼭 기억해야 할 점은 '회의명'과 '날짜'를 표기하는 것이다〔도표 10-2〕. 제목의 좌측 상단에 회의명, 바로 아래에는 발표일의 날짜를 넣자. 이는 생각지 못한 사고를 예방하기 위한 필수 요소다. 흔히 보고는 결재가 통과될 때마다 사업부회의, 부문회의, 임원회의 등의 순으로 보고하는 자리가 여럿일 경우가 다반사다. 그때마다 수정 지시가 내려오기도 하고 더 다듬고 보완하기 위해서

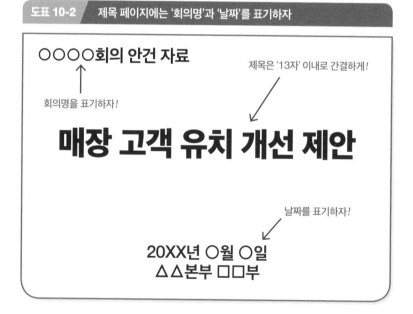

**도표 10-2**　제목 페이지에는 '회의명'과 '날짜'를 표기하자

○○○○회의 안건 자료

↑
회의명을 표기하자!

제목은 '13자' 이내로 간결하게!
↙

# 매장 고객 유치 개선 제안

날짜를 표기하자!
↙

**20XX년 ○월 ○일**
**△△본부 □□부**

보고서에 손을 대어야 할 때가 있다. 처음에는 하나였던 보고서가 시간이 흐를수록 몇 가지 버전으로 재탄생한다.

그러므로 회의명과 날짜를 넣지 않으면, 발표 당일 자칫 잘못하여 이전 단계의 보고서 파일을 연다거나 어느 파일이 최신 버전인지 모르는 웃지 못할 해프닝이 벌어지기도 한다. 이처럼 어처구니없는 사고를 미연에 방지하기 위해서라도 반드시 회의명과 날짜를 기록하는 습관을 들이도록 하자.


## 쪽 번호는 슬라이드 우측 하단에 넣자

사실 쪽 번호는 딱히 눈에 띄지 않아 그다지 존재감은 없지만 원활한 발표를 하는 데 필수 요소다. 생각보다 중요한 역할을 하므로 슬라이드를 열면 가장 먼저 설정하는 습관을 들이자.

쪽 번호는 한마디로 정확하고 적확한 커뮤니케이션을 위한 도구다. 예를 들어 발표하는 도중에 결재자가 다시 한 번 확인하고 싶은 슬라이드가 있다고 하자. 쪽 번호가 매겨져 있으면 "3페이지로 다시 돌아가보지." 하고 간단명료한 지시가 가능하다. 그런데 쪽 번호가 없으면 "아니, 그 슬라이드가 아니고 방금 전에 본 경쟁사의 매출 추이 그래프 좀 다시 비춰봐." 하고 다소 복잡하게 지시를 하게 되어 알게 모르게 스트레스가 쌓이게 된다.

이러한 문제는 비단 발표 도중에만 발생하는 것이 아니다. 이를 테면 슬라이드 초안을 상사가 검토해준다고 하자. 이때 쪽 번호를 매기지 않으면 상사가 수정할 곳을 지적하는 데 공연한 수고를 하게 된다. 뿐만 아니라 자료를 만드는 당사자도 실수하기 쉽다. 특히 자료 수정을 메일로 교환하는 경우가 많으면 더욱 그러하다. 이제부터라도 쪽 번호 매기기를 꼭 기억하라.

쪽 번호를 삽입하기에 적당한 위치는 슬라이드의 우측 하단이다 〔도표 10-3〕.

혹시 'Z 법칙'을 아는가? 사람이 무언가를 눈으로 보았을 때, 그 전체를 파악하고자 사람의 시선이 Z 모양으로 움직인다는 법칙이다. 웹페이지든 서점의 책꽂이든 무의식적으로 시선을 왼쪽 위에서 오른쪽으로, 그리고 왼쪽 아래서부터 오른쪽으로 움직인다. 따라서 슬라이드의 오른쪽 아래 공간은 시선이 가장 마지막에 미치는 곳이다. 위치상 거기에 쪽 번호가 있어도 결재자가 슬라이드의 전체를 파악하는 데 방해가 되지 않는다.

간혹 쪽 번호 위치를 중앙 하단으로 잡는 사람이 있는데, 그다지 권장하지 않는다. 쪽 번호를 중앙 하단에 두면 그래프나 메시지, 비주얼 자료 등을 배치하는 데 제약이 생기기 마련이다. 제한된 공간을 최대한 효과적으로 사용하기 위해서라도 쪽 번호는 우측 하단

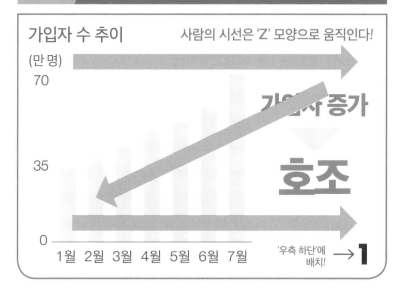

가입자 수 추이      사람의 시선은 'Z' 모양으로 움직인다!

(만 명)

70

가입자 증가

35

호조

0

1월 2월 3월 4월 5월 6월 7월    '우측 하단'에 배치! → 1

에 매기는 것이 가장 좋다. 또 개중에는 1/30(전체 페이지 중에 첫 번째 페이지) 이런 식으로 쪽 번호를 매기는 사람이 있는데, 다소 거추장 스럽다. 물론 몇 십 페이지나 되는 두툼한 자료라면 이런 식으로 쪽 번호를 매기는 것도 나름대로 의미가 있다. 그렇지만 불과 5~9장 의 얇은 보고서에는 구태여 필요하지 않다. 오히려 슬라이드 내의 정보량을 조금이라도 줄이기 위해서라도 단순하게 1, 2라고 쪽 번 호를 표시하는 것이 바람직하다.

# 키 메시지의
# 위치와 글꼴을 고민하라

## 키 메시지의 글꼴은 오로지 하나만 사용하자

키 메시지는 다름 아닌 해당 보고서에서 가장 전달하고자 하는 내용이다. 슬라이드 1장을 놓고 볼 때, 시각적으로 가장 강력하여 결재자에게 어필하는 부분이자 의사결정의 관건이 되는 중요한 정보이다. 그렇기에 키 메시지에 사용하는 글꼴은 '눈에 쉽게 들어오는 것'이어야 한다.

이 조건을 만족하는 글꼴은 바로 다음 2가지다.

<키 메시지에 적합한 글꼴>
● 파워포인트Powerpoint : HY 견고딕
● 키노트Keynote : SD 산돌고딕 Neo

이 2가지 글꼴이 키 메시지에 최적인 이유는 누가 보더라도 가장 읽기 쉽고, 임팩트가 있기 때문이다.

명조체는 노안인 사람이나 눈이 나쁜 사람이 보면 선이 사라져 보이는 경우가 있다. 명조체가 더 지적으로 느껴질 수도 있으나 아무리 지적인 글꼴을 사용한들 제대로 보이지 않으면 아무런 의미가 없다. 그러니 키 메시지뿐만 아니라 보고서에는 명조체를 사용하지 말고 기본적으로 고딕을 사용하자.

고딕에도 여러 종류가 있는데, 그중에서 키 메시지에 가장 적합한 것은 견고딕이다. 실제로 각종 글꼴을 다 사용해서 보고서를 만들어 스크린에 비추어보았는데, 이 글꼴이 줄 간격과 글자 간격이 너무 좁지도 않고 너무 넓지도 않아 가장 보기 좋았다. 키 메시지로 활용하기에는 제격인 글꼴이다.

그리고 키 메시지 이외의 텍스트에 사용하는 글꼴로는 다음 3가지가 있다.


&lt;키 메시지 이외의 요소에 적합한 글꼴&gt;
● **파워포인트**Powerpoint : **맑은고딕, 나눔바른고딕**
● **키노트**Keynote : **윤고딕**


그래프 제목, 그래프상의 숫자, 개요나 일정 등의 텍스트에 사용하기에는 이 3가지 글꼴이 제격이다. 아울러 키 메시지와도 차이가 명확하고 가독성이 높다.

보고서를 만들 때마다 무슨 글꼴로 할까? 하고 고민하는 것은 시간 낭비다. 사용할 글꼴을 미리 정해 두면, 그만큼 보고서 작성이 효율적으로 이어진다. 보고서에서는 개인의 취향이나 기호와 관련된 부분은 과감하게 버리고 괜한 일에 신경 쓰지 않는 것이 상책이다. 망설이지 말고 적합한 글꼴로 결정하고, 보고서 만들기에 박차를 가하자.

## 키 메시지의 글자 크기는 54~96

키 메시지의 글자 크기는 54~96이 적당하다. 54 이하는 너무 작아서 임팩트가 부족하고, 96을 넘으면 너무 과하다 싶으니 반드시, 이 범위 내에서 설정하자. 또 한 가지, 54~96 범위에서 최대한 크게 하는 것이 정석이다.

〔도표 11-1〕의 슬라이드는 글자 크기 54와 글자 크기 96을 나타낸 것이다. 54도 충분히 읽을 수 있지만, 96으로 크게 하면 그만큼 임팩트도 커진다는 것을 한눈에 봐도 알 수 있다. 결재자의 의식에 강하게 호소하고자 한다면 키 메시지를 최대한 크게 표시하는 것이

중요하다.

실제로 슬라이드를 만드는 단계에서 글자 크기를 96으로 하면, 컴퓨터 모니터로 볼 때에는 '너무 과한가?' 하는 생각이 들 수도 있다. 그런데 발표 현장에서 결재자가 슬라이드를 컴퓨터 모니터로 보는 일이 있을까? 막상 스크린에 비추어보면 조금도 위화감이 느껴지지 않으니 안심하고 사용하자.

만약 아무리 해봐도 글자 크기를 54 이하로 해야 텍스트가 잘리지 않고 다 들어간다면 차라리 글자 수를 줄여보자. 도저히 글자 수

**도표 11-1**   키 메시지의 글자 크기는 54~96

를 줄일 수 없는 경우에는 그래프처럼 텍스트 이외의 요소를 줄이는 등 무슨 수를 써서라도 여백을 만들어 키 메시지 크기를 54 이상으로 크게 표시할 수 있도록 해야 한다.

## 키 메시지는 약간 상단에 배치하자

키 메시지를 배치하는 데도 정석이 있다. 반드시 슬라이드 중앙

도표 11-2  키 메시지는 중앙보다 '약간 위'에 배치하자

고객 응대 개선안

키 메시지는 '약간 위'에 배치!

# 점장 연수 실시

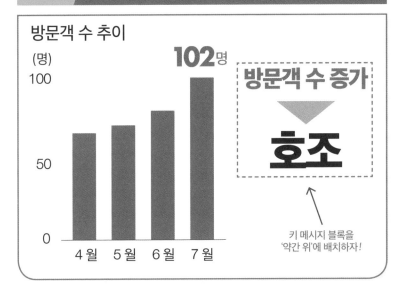

방문객 수 추이

(명)
100

**102**명

**방문객 수 증가**

**호조**

50

0

4월  5월  6월  7월

키 메시지 블록을
'약간 위'에 배치하자!

보다 약간 상단에 배치해야 한다〔도표 11-2〕. 결재자는 슬라이드를
비추는 스크린을 앉은 상태에서 올려다보기 때문이다. 그 각도에서
슬라이드를 볼 때, 키 메시지가 중앙이나 그보다 아래 위치에 있을
경우 퍽 답답하고 옹색한 인상을 받기 때문에 전하고자 하는 메시
지가 마음속으로 들어가는 데 오히려 걸림돌이 된다.

한편〔도표 11-3〕과 같이 키 메시지를 표시하는 경우도 많다. '방
문객 수 감소에 따른 대책이 필요하다' 하고 키 메시지를 한 문장으
로 표시하기보다는 '방문객 수 감소 ▶ 대책 필요' 이런 식으로 2개

의 단어로 나누는 편이 그만큼 단어도 적게 사용되기 때문에 결재자가 쉽고 빠르게 이해할 수 있다. 또한 글자를 크게 키울 수 있어 가장 전달하고 싶은 키 메시지를 임팩트 있게 전달하는 효과도 있다. 그리고 이처럼 그래프를 첨가한 슬라이드에서는 키 메시지를 블록 단위로 약간 상단에 배치하는 방법을 궁리해보자. 보통 키 메시지는 그래프와 함께 표시하는 경우가 많은데, 이때 가장 중요한 것은 그래프가 아닌 키 메시지임을 기억하자. 슬라이드를 만들 때에는 일부러 의식적으로 키 메시지를 배치할 공간을 여유 있게 확보하되 약간 상단에 배치할 수 있도록 그래프가 차지하는 공간을 조정하자.

# 키 메시지는
# 한눈에 볼 수 있게 하라

**12**

## 키 메시지는 13자 이내로 요약하라

강조하건대 보고서 슬라이드에서 표지 제목이나 키 메시지는 읽히는 것이 아닌 보여주는 것이다.

키 메시지는 처음 본 순간, 곧바로 머릿속으로 의미가 확 들어와야 한다. 한 글자 한 글자 읽고 난 뒤에 비로소 의미를 파악할 수 있게 만드는 것은 좋지 않다. 결재자의 뇌를 의미를 독해하는 데 쓰게 하지 말고 제안 내용을 음미하는 데 쓰도록 만들어야 한다.

키 메시지를 처음 본 순간 한눈에 들어오게 하는 방법은 단 한 가지, 글자 수를 줄이는 것이다.

인간이 한 번에 지각할 수 있는 글자 수는 적은 사람은 9글자, 많은 사람은 13글자라고 한다. 이러한 이유로 글자와 의미를 순간적으로 동시에 파악할 수 있는 글자 수는 13글자가 상한선이다. 13자를 넘으면 의미를 파악하는 데 읽는 수고가 필요하다.

일본 최대의 뉴스 사이트인 'Yahoo!' 뉴스 토픽의 제목 역시 13자가 상한선인 것도 아마 같은 이유일 것이다.

제목과 키 메시지는 누가 뭐라 해도 13글자 이내로 요약해 한다. 문장을 만드는 감각이 아닌 인터넷 뉴스 토픽 제목을 직접 만든다고 상상하면 한결 쉬울 것이다.

물론 13글자 이내라는 제한이 막상 직접 해보면 힘들게 느껴질 것이다. 익숙해지기 전에는 자신도 모르게 그만 문장으로 적어버리는 일이 비일비재하다. 그래서 키 메시지를 13글자 이내로 만드는 요령을 몇 가지 소개하고자 한다.

## 가장 중요한 포인트 외에는 전부 삭제하라

키 메시지를 13글자 이내로 만드는 데는 요컨대 전달해야 하는 가장 중요한 포인트 이외의 요소는 전부 잘라내면 된다.

가장 먼저 잘라내야 하는 것은 다음과 같은 단어들이다.

'~하기 위한 ~에 따른 ~에 대한'이라는 단어들은 군더더기로 느껴지므로 필요 없다. '~을'과 같은 조사도 생략할 수 있는 것이 많다. 읽었을 때 의미가 이상하지 않으면 되도록 빼자.

<예문1>

**〔before〕** 매출 저조를 개선하기 위한 전략 제안에 대하여 (19자)

**〔after〕** 매출 저조 개선의 전략 제안 (11자)

위 사례를 보면 '~하기 위한 ~에 대하여'라는 단어가 없어도 충분히 의미가 통하고 이해할 수 있지 않은가? 또한 어렵지 않게 글자 수를 줄일 수 있다. 다음으로 전달해야 할 포인트를 명확하게 하되 부수적인 요소는 전부 잘라내자.

<예문2>

**〔before〕** 이달에도 가입자가 약 4,000명 증가하리라 기대된다 (23자)

**〔after〕** 가입자 4,000명 증가 (10자)

위의 예문에서 가장 큰 문제는 주어와 술어가 있는 문장으로 되어 있다는 점이다. 키 메시지는 문장으로 만들 필요가 없다. 공연히 글자 수만 많아질 뿐이다. 그리고 애당초 문장으로 만들어버리면 읽을 수 밖에 없는 상황이 생긴다. 결재자에게 읽는 수고를 끼치지 않도록 문장으로 만드는 것은 의식적으로 피하자.

그리고 '이달에도' '기대된다' 등 부수적인 요소는 구두로 전달해도 되므로 잘라버리자. 키 메시지는 결재자에게 주입하고 싶은 핵심만 보여주면 된다.

게다가 '약 4,000명'에서 '약'이라는 단어도 기본적으로는 필요 없다. 마찬가지로 구두로 "정확하게는 3,988건입니다."라고 보충하면 그만이다. 혹 결재자가 정확한 숫자를 요구할 때를 대비해서 상세한 숫자를 적은 부록을 준비하면 그걸로 충분하다.

그러나 아무래도 신경이 쓰인다면 글자 크기를 32 정도로 작게 해서 '약'이라고 첨가하는 것도 방법이다.

단, 숫자 자체는 꼭 남겨두어야 한다. 숫자는 한눈에 쉽게 이해할 수 있고, 무엇보다 임팩트가 있고, 설득력을 지닌다. 인상적인 보고서를 만들기 위해서는 숫자가 매우 중요하다. 전달하고 싶은 숫자는 절대로 잘라내지 말고 키 메시지에 남겨두자.

마지막으로 키 메시지를 13글자 이내로 만드는 최후의 비법을 공개한다.

바로 스마트폰이나 휴대전화로 키 메시지를 작성해보는 방법이다.

컴퓨터는 자판이 있기 때문에 비교적 손쉽게 글자를 입력할 수 있어 나도 모르게 그만 문장이 길어지는 경우가 많다. 그러나 스마트폰이나 휴대전화로 문자를 입력하는 것은 성가신 일이기 때문에 자연스레 문장이 짧아진다. 입력하기 귀찮다는 제약을 역으로 이용하는 방법이다. 의외로 효과가 있으니 꼭 한 번 시험해보기 바란다.

# 메시지에 부합하는
## 색상을 선택하라

# 13

## 슬라이드 1장에는 3색까지만 사용하기

보고서에서 색상을 어떻게 사용하는지도 중요한 포인트라는 사실을 아는가?

먼저 가장 중요한 포인트는 색상을 사용하면 무엇보다 중요한 메시지가 자연스럽게 눈에 들어오도록 만들 수 있다는 점이다.

〔도표 13-1〕처럼 검은색의 키 메시지에 색의 변화만 주었는데도 무엇을 전달하고 싶은지가 한결 알기 쉬워졌다. 색을 사용하면 결재자의 주의를 환기하는 효과를 얻을 수 있다.

색의 효과를 극대화하기 위해서는 가급적 색깔의 수를 줄이는 것이 중요하다. 알록달록 색깔을 다양하게 사용하면 '전달하고 싶은 게 무엇이지?' 하고 오히려 요점을 파악하기 어려워지기 때문이다.

색을 입힌다는 것은 자료를 알록달록 화려하게 만드는 데 의미가 있는 것이 아니라 전달하고 싶은 메시지를 강조하는 데 의미가 있다는 점을 기억하자.

그렇기 때문에 사용하는 색깔의 수는 줄이고 줄여서 '여기가 핵심'이라고 강조할 부분만 색을 입히는 것이 기본이다. 물론 반드시 여러 가지 색깔을 사용해야 하는 슬라이드도 있지만, 이러한 경우에는 가급적 3가지 색을 상한선으로 정하자.

한편 종이 자료로 진행하는 보고, 심지어 컬러 인쇄가 허용되지

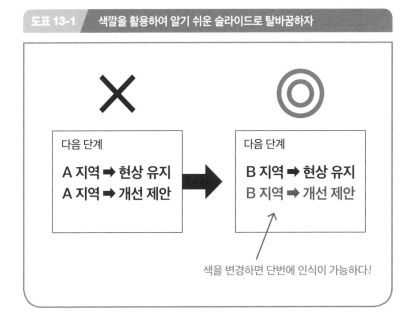

**도표 13-1** 색깔을 활용하여 알기 쉬운 슬라이드로 탈바꿈하자

않는 회사도 있을지 모르니 이 경우에는 강조하고 싶은 부분의 글자 크기를 크게 하거나, 진하게 하는 방법 등을 활용해보자.

## 푸른색과 붉은색을 달리 사용하라

색을 사용하는 데는 또 다른 의미가 있다.

매출 증가, 경비 삭감 등 긍정적인 메시지는 '푸른색', 매출 감소나 비용 증가 등 부정적인 메시지는 '붉은색'으로 통일하여 발표 내용을 보다 알기 쉽게 전달할 수 있다〔도표 13-2〕.

색을 달리하여 강조하면 결재자가 슬라이드를 본 순간, 이것이 '좋은 정보인가?' 아니면 '나쁜 정보인가?'를 자연스레 알려주는 효과를 볼 수 있다. 요컨대 그만큼 의사소통이 빠르다는 장점이 있다.

<색깔의 법칙>
● 긍정적 메시지는 '푸른색'
● **부정적 메시지는 '붉은색'**

이는 실제로 국제적으로 통용되는 규칙이다. 전 세계의 신호등이 푸른색=전진, 붉은색=정지로 통일되어 있듯이 푸른색은 양호, 순조, 안전을 뜻하는 신호이며, 붉은색은 불량, 불안, 위험의 뜻하는 신호로 사용하고 있다.

가능하면 회사 내부나 부서 내에서도 이 규칙으로 통일하는 것이 바람직하나 설령 통일하지 않았다 하더라도 푸른색과 붉은색을 구분하여 사용하는 습관을 들이는 것이 좋다.

한 가지 덧붙일 사항이 있다.

비용이나 목표 수치 등 부정적인 의미와는 거리가 멀더라도 회사 입장에서 볼 때, 혹은 의사결정에서 중요한 부분이라 판단되면 붉

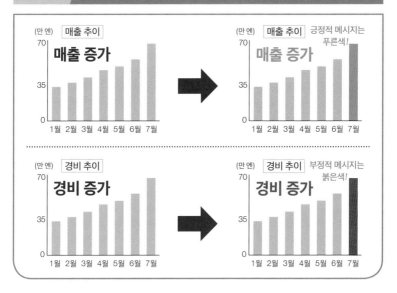

도표 13-2  긍정적 메시지는 푸른색, 부정적 메시지는 붉은색

은색을 사용한다[도표 14-1]. 이는 '중요한 부분이니 놓치지 마시오'라는 뜻으로 보다 강조하고자 색의 변화를 주는 것인데, 일종의 경보 효과를 내는 데는 '붉은색'을 사용하는 것이 적절하다.

## 사업 흐름은 그러데이션으로 표현하라

색을 이용한 그러데이션도 상당히 효과적이다.

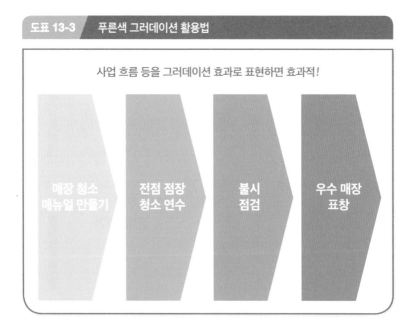

도표 13-3 　푸른색 그러데이션 활용법

사업 흐름 등을 그러데이션 효과로 표현하면 효과적!

매장 청소 매뉴얼 만들기 / 전점 점장 청소 연수 / 불시 점검 / 우수 매장 표창

예를 들어 제안하는 사업의 흐름을 나타낼 때에는 〔도표 13-3〕처럼 제 1단계부터 순서대로 '푸른색'의 농도가 점점 진해지는 그러데이션 효과를 활용하면 어떨까? 사업 수행과 함께 바람직한 상태에 가까워진다는 인상을 줄 수 있다.

한편 실적 악화의 원인 규명 등은 '붉은색' 그러데이션 효과를 활용하여 나타내기도 한다.

이처럼 색을 요령껏 사용할 줄 알면 결재자가 보다 쉽게 이해할 수 있는 슬라이드를 만들 수 있다.

# 통일된 양식을
## 미리 준비하라

# *14*

## 나만의 보고서 슬라이드를 만들어라

보고서에는 일정한 형식이 있다.

표지는 물론 그밖에도 제안 내용의 개요나 일정을 나타내는 슬라이드는 필수다. 따라서 이러한 슬라이드를 정형화하면 보고서 작성의 효율화가 가능함은 물론 필요한 정보가 누락되는 실수를 방지하는 효과도 있다.

[도표 14-1]은 내가 사용하고 있는 개요 슬라이드다.

목적, 일정, 대상 품목 등의 항목은 회사나 부서마다 다르므로 융통성 있게 변경하자.

개요 슬라이드의 각 항목에 적는 텍스트는 아무래도 길어지기 쉬

| 목적 | 매출 증대를 위한 할인 |
|---|---|
| 일정 | **2017년 ○월 ○일 ~ ○월 ○일** |
| 대상 품목 | 작년에 제조된 재고 상품 |
| 대상 매장 | ○○점 |
| 대상 고객 | 사양보다는 가격을 중시하는 사용자 |
| 모의실험 검증 | **판매수 10대/일** ←── 목표 숫자는 '붉은 글씨'로 표시하자! |
| 비용 | **100만 엔** ←── 비용은 '붉은 글씨'로 표시하자! |

우니 강조해야 하는 부분은 그때그때 연구해보자. 이를테면 문장이 길 경우에는 강조하고 싶은 부분을 견고딕으로 바꾸거나 글자를 보다 굵고 진하게 표시하는 방법을 활용해볼 수 있다.

그리고 비용 금액이나 목표수치는 붉은색을 사용하면 문장 전체를 읽지 않아도 결재자의 눈에 확 띄는 효과가 있다.

## 일정은 표로 보여주자

　일정 슬라이드는 〔도표 14-2〕와 같이 정형화해두면 편리하다. '정
책 개요 확정 → 정책 실시 → 효과 검증' 이렇게 3단계로 보기 편하
게 일정표를 만들었다. 원래는 슬라이드 1장에 사용하는 색은 3가
지를 넘지 않는 것이 기본이나 여기에서는 확정, 준비, 실시, 검증
을 한층 명확하게 나타내고자 4가지 색을 사용하였다.

　일정 슬라이드를 사내나 부서 내에서 통일화하면 상당히 편리하

| 도표 14-2 | 통일된 양식의 예 : 일정 |

| 행동 | 시기 | 금일 | 1일 | 2일 | 3일 | 4일 | 5일 | 6일 | 2주째 | 3주째 |
|---|---|---|---|---|---|---|---|---|---|---|
| 정책개요 확정 | ○월 X일 | 확정 | | | | | | | | |
| 정책 실시 | △월 X일 ~ △월 □일 | | 준비 | | | | | | 실시 | |
| 효과 검증 | △월 ◎일 | | | | | | | | | 검증 |

다. 다른 사업 제안의 일정 슬라이드를 나란히 늘어놓기만 해도 사업 기간이 서로 겹치는지 여부 등을 한눈에 파악할 수 있다. 사업별로 서로 성수기를 피하는 등 사업 시기를 조정하는 데 도움이 된다.

## 보고서는 사내·부서 전체로 통일하자

보고서는 사내·부서 내 전체가 통일된 양식을 사용하는 것이 좋다. 이는 개요, 일정 등의 정형화된 슬라이드뿐만 아니라 보고서 전체에 해당한다. 이 책에서 제시하는 보고서 작성의 틀을 부서 내, 나아가서 회사 전체가 공유하면 조직 전체의 의사결정 속도가 놀랄 만큼 가속이 붙는다.

발표할 때마다 자료가 몇 십 장씩 나온다거나 색깔 사용법이 제각각이면 결재자 역시 그때마다 의식을 바꾸어야 하니 비효율적이다. 그러나 전 직원이 같은 틀을 공유하면 결재자의 슬라이드 파악 능력이 한결 높아지고 누가 무슨 제안을 하든지 어디에 무엇이 적혀 있는지, 무엇을 말하고 싶은지를 한눈에 금방 파악할 수 있다. 그 결과 의사결정 속도가 극적으로 빨라지는 효과를 거둘 수 있다.

혹시 당신이 팀장이라면 우선 팀 내에서 이 틀을 통일화하면 어떨까? 팀의 생산성이 상승하는 것을 피부로 실감할 수 있을 것이다. 나아가 그 성과를 바탕으로 회사 전체가 통일하는 방안을 상사에게 제안하면 그만큼 보고서가 결재될 가능성도 높아진다.

그리고 이것이 실현된다면 회사 전체의 사업 속도 역시 가속화될 것이다.

## KEY POINT

· 슬라이드는 4:3 비율로 작성하라.

· 표지 제목과 키 메시지는 13자 이내로 작성한다.

· 키 메시지는 고딕 서체를 활용하고 약간 상단에 배치한다.

· 슬라이드 한 장에 쓰는 색은 3가지 이내로 제한한다.

· 자주 사용하는 슬라이드 포맷을 만들어두라.

· 일정은 표로 작성한다.

3장

# 한눈에
# 들어오는
# 그래프가 이긴다

어떤 문서라도 한눈에 알 수 있게 만드는 기술이 중요하다.
보고서의 경우 더욱 그렇다.
생각할 필요 없는 그래프를 만들고, 필요한 데이터만을 보여주자.
쓸데없는 숫자와 선은 과감히 삭제하고,
그래프와 이미지를 적절히 활용해 결재 속도를 높이자.

# 생각할 필요 없는
## 그래프를 만들어라

# 15

## 1 슬라이드 = 1 그래프

보고의 설득력을 갖추기 위해서는 데이터가 중요하다. 주장의 근거가 되는 데이터를 활용해 결재자를 어떻게 설득하는가에 따라 결재률은 상시 바뀐다.

그리고 이때 데이터를 보여주는 도구는 다름 아닌 그래프인데, 보고서에서 그래프를 보여주는 것은 매우 중요한 요소라 할 수 있다.

그렇다면 좋은 그래프란 어떤 그래프일까?

바로 결재자가 그래프를 파악하기 위해서 생각을 하지 않아도 되는 그래프가 좋은 그래프다. 그래프를 눈으로 본 순간 좋은 상황인지 나쁜 상황인지 알 수 있어야 하는데, 길어도 10초 이내에 이 그래프가 무엇을 표현하고 있는 것인지를 이해할 수 있게 만들어야한다. 직관적으로 이해가 가능한 그래프를 만들 줄 알면 더할 나위없이 좋다.

이를 위해서는 사내 자료에 실린 그래프나 정부 부처에서 공개하는 통계 그래프 등 상세한 데이터가 기재된 그래프를 있는 그대로사용해서는 안 된다. 전달하고 싶은 내용이 단적으로 전달될 수 있도록 꼼꼼하게 편집해야 한다.

그래프를 편집하는 몇 가지 기술 중에 가장 기본적인 정석을 소개한다. 바로 '1 슬라이드=1 그래프'라는 정석이다.

슬라이드 1장에 여러 개의 그래프를 늘어놓으면, 그래프 하나하나의 크기가 작아지므로 그만큼 보기가 힘들고 이해하기도 힘든 슬라이드가 되어버린다. 〔도표 15-1〕는 단적인 예이다. 어느 회사의지점별 매출 실적과 목표 달성률을 나타낸 슬라이드인데, 본사의매출관리 부문에서 각 지점별로 취합한 데이터를 슬라이드에 그대로 갖다 붙였다. 만약 결재자가 이 슬라이드를 본다면 '무엇을 이야기하고 싶은 거지?' 하며 도통 이해가 가지 않아 난감한 표정을 지을 게 분명하다. 더구나 키 메시지를 넣을 공간이 없어 더욱 이해하기 힘든데다 상세 단위마저 들쭉날쭉해 단적인 비교가 불가능하다.

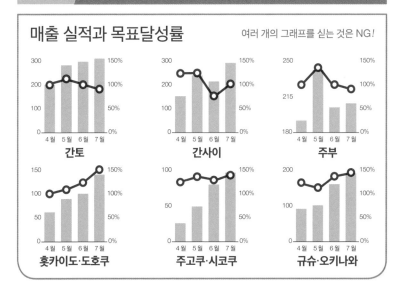

도표 15-1 한 장의 슬라이드에 그래프가 여러 개 있으면 이해하기 어렵다

매출 실적과 목표달성률 여러 개의 그래프를 싣는 것은 NG!

간토

간사이

주부

홋카이도·도호쿠

주고쿠·시코쿠

규슈·오키나와

## 보고에 필요한 데이터만 보여주자

그러면 어떻게 하는 게 좋을까?

일단 전달하고 싶은 것을 명확히 하자. 예를 들어 매출 실적 상위 3지점은 간토, 간사이, 주부인데 이 세 지점마저 목표 달성률이 100%에 미치지 못한 사실에 경종을 울리고 싶다고 치자.

그렇다면 우선 4월~7월의 추이를 보여줄 필요는 없다. 7월의 단일 실적으로 비교하는 것으로도 충분하다. 그리고 〔도표 15-2〕처럼 매출 실적 그래프와 목표 달성률 그래프를 각각 슬라이드 1장씩 별도로 만들어야 한다. 하나의 그래프에 단위가 다른 여러 요소를 집어넣으면 내용을 제대로 파악하기 어렵다.

〔도표 15-3〕과 같이 매출 실적에 대해서는 막대그래프로 표시하고, 거기에다 목표 달성률을 꺾은선그래프로 겹쳐서 표시하면 2가지 그래프를 슬라이드 1장에 담을 수는 있다. 하지만 이 또한 보기 불편하다. 매출 실적에 대해서는 왼쪽 단위로 확인해야 하고, 목표 달성률에 대해서는 오른쪽 단위로 확인해야 하므로 무척 귀찮을 것

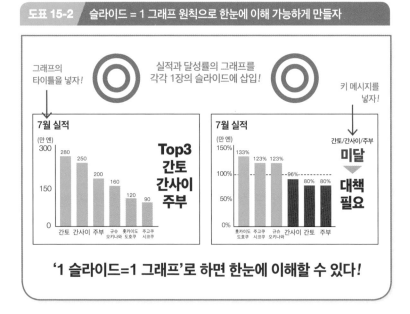

**도표 15-2** 슬라이드 = 1 그래프 원칙으로 한눈에 이해 가능하게 만들자

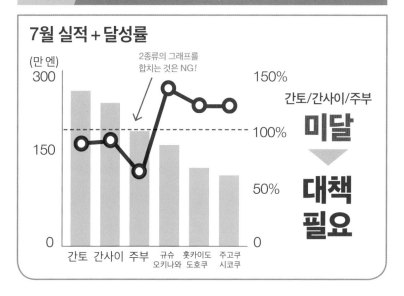

도표 15-3　막대그래프와 꺾은선 그래프를 합치는 것은 NG!

**7월 실적 + 달성률**

(만 엔)

2종류의 그래프를
합치는 것은 NG!

300

150%

150

100%

0

0

50%

간토　간사이　주부　규슈　홋카이도　주고쿠
오키나와　도호쿠　시코쿠

간토/간사이/주부

미달

▼

대책
필요

이다. 결국 하나의 그래프로 1가지 메시지를 명료하게 전달하는 것
이 이해하기 쉬운 슬라이드를 만드는 길이다.

　그리고 그래프 오른쪽에는 키 메시지를 배치한다. 매출 실적 슬
라이드에서는 'Top 3 간토·간사이·주부'라는 메시지를 넣는다.
마찬가지로 목표 달성률 슬라이드에서는 '간토·간사이·주부 미달
▶ 대책 필요'라는 메시지를 넣으면 이야기하고자 하는 의도가 한
눈에 전달된다.

　또한 6가지 그래프를 게재한 원 데이터[도표 15-1]는 반드시 부

록에 첨부하자. 혹 결재자가 "각 지점별 상세 데이터를 좀 볼 수 있겠나?" 하고 요청하면 바로 설명할 수 있어 편리하다. 바꿔 말하면 상세 데이터는 부록에 넣어 두면 되므로 본문 슬라이드의 그래프는 보다 간단명료하게 편집해도 무방하다는 말이다.

그리고 슬라이드에는 반드시 그래프의 제목을 표기해야 한다. 위치는 슬라이드의 좌측 상단이다. 'Z 법칙'의 출발점에 해당하는 위치에 그래프의 제목을 배치하면 '무엇을 주제로 한 슬라이드인가?'를 금세 파악할 수 있다. 물론 키 메시지와 마찬가지로 되도록 간략한 단어(13글자 이내가 적합)로 만들어야 함을 유의하자.

# 그래프와 메시지를
## 나란히 배치하지 마라

16

## 그래프는 좌, 메시지는 우

그래프와 메시지는 어떻게 배치하면 좋을까?

이 또한 알기 쉬운 슬라이드를 만드는 데 중요한 요소다. 〔도표 16-1〕과 같이 그래프와 메시지를 나란히 늘어놓는 슬라이드가 자주 눈에 띈다. 그래프를 좀 더 크게 보여주고자 하는 의도가 담겨 있다고 생각할지 모르나 실제로는 보는 사람을 위한 배려가 부족한 슬라이드다.

이유인즉슨 인간의 우뇌는 비주얼, 좌뇌는 문자정보 등 논리를 이해하는 데 특화되어 있기 때문이다. 즉 비주얼과 문자정보를 '상하(세로)'로 배치하기보다는 '좌우(가로)'로 배치하는 편이 양쪽의 정보를 뇌 안에서 원활하게 처리할 수 있다는 말이다.

그래프와 메시지를 나란히 배치하는 것은 NG

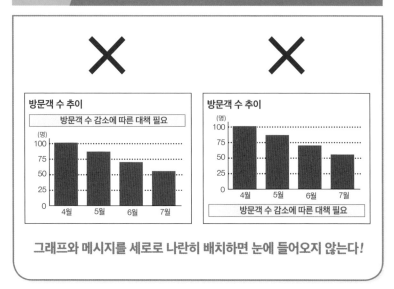

그래프와 메시지를 세로로 나란히 배치하면 눈에 들어오지 않는다!

그러면 그래프와 키 메시지의 위치로는 왼쪽과 오른쪽 중 어느 쪽이 좋을까? 대답은 바로 '그래프(좌측)', '키 메시지(우측)'이다. 그 이유는 왼쪽 눈에서 들어오는 정보는 우뇌로, 오른쪽 눈에서 들어오는 정보는 좌뇌로 전달되기 때문이다(도표 16-2). 그래프를 왼쪽에 배치하면 비주얼 처리가 주특기인 우뇌로 전달되고, 키 메시지를 오른쪽에 배치하면 문자정보의 처리가 주특기인 좌뇌로 전달되므로 우리의 뇌는 순식간에 양쪽의 정보를 파악할 수 있다.

이는 실제로 눈으로 보면서 비교해보면 몸소 실감할 수 있다. (도

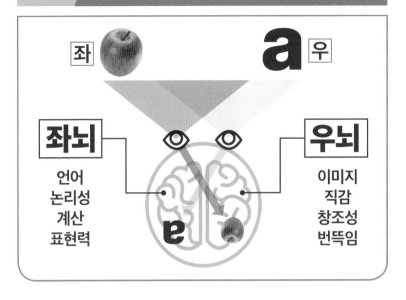

표 16-3]에 있는 2가지 슬라이드를 보자. 어느 쪽의 슬라이드가 머리에 확 들어오는가? 대부분 그래프를 좌측, 키 메시지를 우측에 배치한 왼쪽 슬라이드일 것이다.


## ㄱ자 법칙으로 시선을 유도하자

앞의 슬라이드 중 왼쪽의 슬라이드가 보기 편한 또 다른 이유가

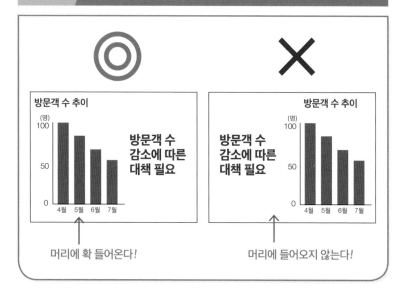

**도표 16-3** 그래프는 좌, 텍스트는 우

방문객 수 추이

방문객 수 감소에 따른 대책 필요

머리에 확 들어온다!

방문객 수 추이

방문객 수 감소에 따른 대책 필요

머리에 들어오지 않는다!

있다. 혹시 'ㄱ자 법칙'이라는 말을 아는가? 앞서 소개한 'Z 법칙'은 사람이 눈으로 무언가를 볼 때, 그 전체를 파악하기 위해서 사람의 시선이 Z 모양으로 움직인다는 법칙이다. 사실 이 Z자 형태보다 훨씬 더 빨리 전체를 파악하는 것이 바로 한글의 ㄱ자 형태다.

〔도표 16-4〕는 〔도표 16-3〕의 왼쪽 슬라이드를 좀 더 수정한 것이다. '방문객 수 감소에 따른 대책 필요'를 '방문객 수 감소와 대책 필요' 이렇게 2개로 나누어 양쪽의 인과관계를 역삼각형 모양으로 표시하였다.

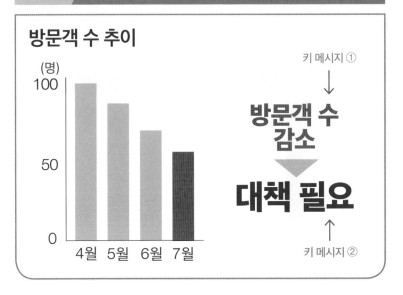

방문객 수 추이

(명)
100

50

0

4월 5월 6월 7월

키 메시지 ①
↓

방문객 수
감소

대책 필요

↑
키 메시지 ②

우선 키 메시지를 2개로 나누면 그만큼 글자 수가 줄기 때문에 한결 인식하기 쉬워진다. 게다가 시선을 '그래프 → 키 메시지 ① → 키 메시지 ②'의 방향으로 즉 ㄱ자로 유도할 수 있어 이해도가 올라간다. 이 슬라이드에서 가장 호소하고자 하는 것은 대책 필요라는 메시지인데, 이것이 ㄱ자를 통해 최단거리로 결재자의 머리에 입력되는 것이다.

단, 한 가지 주의해야 할 사항이 있다.

그것은 바로 키 메시지를 잇는 부호로 화살표(↓)를 사용하지 않

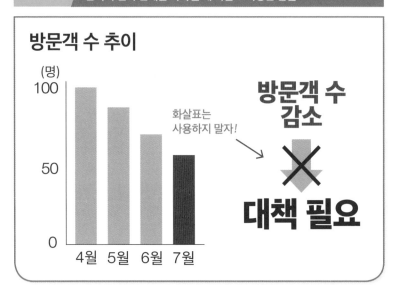

도표 16-5 　논리의 인과 관계를 나타낼 때 화살표 사용은 금물

**방문객 수 추이**

(명)

화살표는
사용하지 말자!

**방문객 수
감소**

**대책 필요**

4월　5월　6월　7월

는 것이다. 그 이유는 화살표(↓)를 사용하면 아무래도 증감을 나타
내는 것처럼 보여 자칫 오해를 불러일으키기 쉽다[도표 16-5].

따라서 이러한 경우에는 역삼각형 모양(▽)을 사용하는 것이 좋
다. 역삼각형을 사용하면 증감의 표시로 오해하는 일도 없을 뿐더
러 '즉, 왜냐하면, 그러니까' 등 논리의 인과관계를 더욱 분명히 나
타낼 수 있다.

참고로 삼각형 모양은 회색처럼 눈에 띄지 않고 차분한 느낌을
주는 색을 사용하는 것이 좋다. 푸른색이나 붉은색을 사용하면 긍

정적인 인상이나 부정적인 인상을 풍기는데, 이는 자칫 결재자가 엉뚱한 방향으로 오해할 수 있으니 유의하자.

## ㄱ자 법칙과 애니메이션 효과

나는 기본적으로 보고서 슬라이드에서 애니메이션 기능을 사용하는 것을 피해야 한다고 생각한다.

애니메이션 효과를 너무 자주 사용하면 오히려 결재자의 집중력을 흐트러뜨리기만 한다. 그리고 혹 "3페이지의 슬라이드를 다시 보여주게."라는 지시로 해당 슬라이드를 표시했을 때 애니메이션이 재차 재생되면 요란스럽고 거추장스러워 보여 역효과만 난다. 그러므로 보고를 할 때는 가급적 슬라이드를 심플하게 만드는 것이 좋다.

그럼에도 불구하고 전달하고자 하는 바의 논리를 시각적으로 보다 강하게 심어주는 데는 애니메이션이 효과적일 때도 있다. 그중 하나가 ㄱ자 유도를 위한 애니메이션이다.

방법은 〔도표 16-6〕처럼 먼저 그래프만 표시하고, 그래프의 요점은 구두로 전달한다. 결재자의 눈에는 그래프만 보이기 때문에 자신도 모르게 그래프를 이해하는 데 의식을 집중하게 된다. 그 다음에는 "최근 방문객 수가 급격히 감소하였습니다." 하고 그래프가

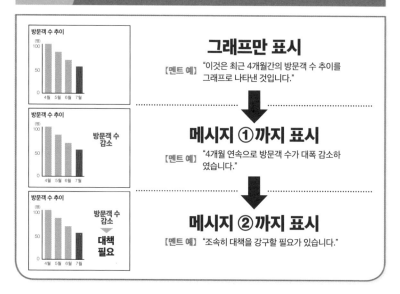

도표 16-6　시선을 유도하는 애니메이션 효과

**그래프만 표시**

【멘트 예】 "이것은 최근 4개월간의 방문객 수 추이를 그래프로 나타낸 것입니다."

**메시지 ①까지 표시**

【멘트 예】 "4개월 연속으로 방문객 수가 대폭 감소하였습니다."

**메시지 ②까지 표시**

【멘트 예】 "조속히 대책을 강구할 필요가 있습니다."

의미하는 바를 말로 전달하면서 키 메시지 ①(방문객 수 감소)을 표시한다. 그리고 "이는 심각한 문제이므로 조속히 대응책을 강구해야 합니다."라고 말하면서 키 메시지 ②(대책 필요)를 슬라이드에 표시하는 것이다. 이처럼 애니메이션 효과를 적절히 이용하면 결재자에게 상당히 이해도가 높은 발표라는 인상을 준다.

논리를 유도하는 데는 적절히 사용된 애니메이션만한 것이 없으니 잊지 말고 기억해 두기를 바란다.

# 쓸데없는 숫자와 선은 모두 생략하라

**17**

## 그래프는 보여주고 싶은 것만 보여주자

전달하고자 하는 내용을 단적으로 전달할 수 있도록 철두철미하게 편집한다. 이것이 그래프를 만들 때의 핵심이다.

이를 위해서는 보여주고 싶은 것만 보여준다는 자세를 가져야 한다.

자료도 요령껏 만들어야 하는데, 간혹 고지식하게 숫자를 전부다 보여주어야 안심하는 사람이 있다. 그러나 결재자 입장에서 볼때, 이 숫자 저 숫자가 어지럽게 널려 있는 그래프는 이해가 잘 안가는 아리송한 그래프로 다가온다.

더구나 결재자는 대부분이 숫자에 민감하다. 눈에 보이는 모든 숫자에 대해 '정말인가? 어째서 이러한 숫자가 나온 것인가?' 하고 확인하고 싶어 하는 경향이 농후하다.

공연히 불필요한 숫자를 그래프에 적어 넣으면 보고의 핵심과는 무관한 부분에 대한 질문에 대응하느라 시간을 허비하기 십상이다. 그리고 만일 이러한 지적에 적절하게 대응하지 못하면 그 자체만으로도 신뢰도가 떨어지는 보고라고 평가받게 될 우려가 있다.

따라서 보고의 핵심과 관계없는 요소는 모두 잘라내는 것이 정석이다. 그리고 전하고자 하는 부분을 강조하는 등 의도하는 바가 직접적으로 전달되도록 이리저리 궁리하는 것, 다시 말해 보여주고 싶은 것만 보여주는 것이 그래프를 편집하는 데 좋다.

## 의미가 통하는 최소치만 남겨두자

구체적인 방법을 살펴보자. 지금 바로 이해하기 어려운 그래프를 이해하기 쉬운 그래프로 직접 편집해보자. 일단 가장 기본적인 그래프인 막대그래프를 예로 살펴보자. (도표 17-1)은 어느 출판사의 월례회의에서 도서 매출이 전월 대비 약 2배로 상승, 상당히 좋은 상태를 보이고 있음을 보고하는 슬라이드다.

이 슬라이드를 (도표 17-2)와 같이 편집한다면 어떨까? 개선점은

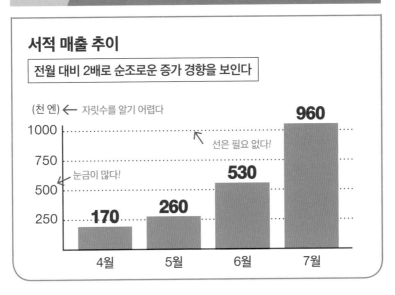

다음과 같다.

### ① 불필요한 데이터 삭제하기

먼저 〔도표 17-1〕에서는 4개월분의 매출 추이를 게재하였는데, 월례회의이므로 6~7월의 2개월분의 추이만 보여주어도 충분하다. 4~5월의 데이터는 본문 슬라이드에서는 잘라내고 부록으로 넘기면 된다.

물론 회사마다 '과거 수개월 간이나 혹은 수 년간의 데이터를 보여주기'와 같은 규칙이 있는 경우도 있으므로 이 경우에는 회사 규칙에 맞게 적용하자. 다만 보고의 취지에서 볼 때, 원래는 불필요하다고 여겨지는 요소는 전부 다 삭제하는 것이 정석이다.

### ② 그래프의 눈금을 알기 쉽게 변경하기

그래프의 눈금도 변경하였다. 〔도표 17-1〕에서는 금액이 250천 엔, 500천 엔 식으로 천 엔 단위로 표기되어 있는데, 얼마인지 즉시 알아볼 수 있는가? 숫자는 만 엔 단위로 하는 편이 한눈에 숫자를 파악할 수 있다.

보고서에서 사용하는 단위나 눈금선 등은 평소 자신의 회사에서 널리 사용하고 있고, 결재자에게도 익숙한 것으로 신경을 써서 변경하자. 특히 관공서 같은 곳의 홈페이지에 실린 그래프를 편집하지 않은 채 그대로 옮겨온 경우에는 눈금이 일반적이지 않은 경우가 종종 눈에 띄므로 기본적으로 수정해야 한다.

### ③ 선·단위 잘라내기

〔도표 17-1〕에서는 250천 엔, 500천 엔 식으로 250천 엔씩 선이 4개 들어가 있는데, 번잡스러워 보이므로 삭제하였다. 6월 매출 53만 엔이 7월에는 96만 엔으로 크게 오른 사실을 그래프로 전달하면 충분하므로 굳이 선을 넣을 필요가 없다.

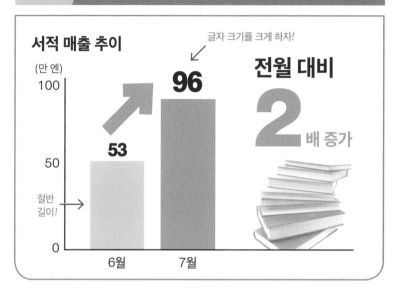

서적 매출 추이

글자 크기를 크게 하자!

(만 엔)
100

96

전월 대비

2 배 증가

53

50

절반
길이!

0

6월        7월

또한 250엔씩 구분한 단위도 50만 엔과 100만 엔, 간략하게 2개로 변경하였다. 단위를 표기하는 숫자가 많으면 그 자체만으로도 그래프가 복잡하게 보이기 때문에 가급적 간략하게 하는 것이 좋다. 눈금, 선, 단위 등은 의미가 통하는 최소치만 남겨두고 나머지는 삭제해도 된다.

## 화살표를 이용하여 증감의 인상을 강하게 심어주자

그래프는 절반 길이로 그 차이가 명확해진다.

여기서 잠깐, 수치의 증감을 한층 효과적으로 보여주는 기술에 대해 알아보자. 〔도표 17-2〕를 잘 살펴보자. 6월 매출 53만 엔의 막대그래프의 윗변의 위치가 그래프의 상하의 길이의 딱 절반 정도의 위치에 있다는 것이 보일 것이다.

나는 이 점을 의식하여 일부러 그래프를 절반 길이의 위치에 두

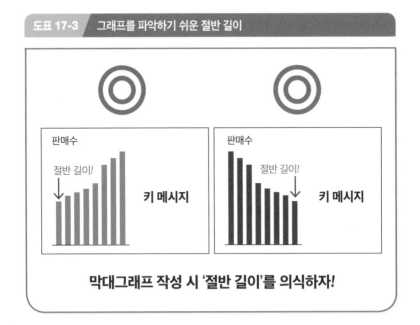

**도표 17-3**  그래프를 파악하기 쉬운 절반 길이

판매수

절반 길이!

키 메시지

판매수

절반 길이!

키 메시지

**막대그래프 작성 시 '절반 길이'를 의식하자!**

었다. 수치가 증가하고 있다는 사실을 인상 깊게 전달하는 데는 증가의 출발점이 되는 막대그래프의 단위를 절반 길이로 맞추면 훨씬 효과적이기 때문이다.

[도표 17-3]을 보자. 왼쪽은 절반 길이에서 증가가 시작된다. 오른쪽은 가장 감소한 데가 절반 길이로 되어있다. 이렇게 표시하면 증감이 한층 두드러지고 뚜렷하게 전해진다. 인상을 조작하는 것이 아닌가 하는 생각이 들지도 모르나 그래프에서 나타내는 수치는 한 치의 거짓이 없으므로 전혀 해당사항이 없다. 오히려 전달하고자

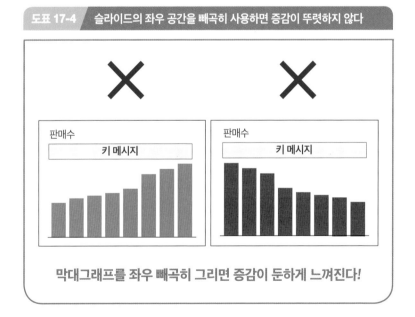

도표 17-4　　슬라이드의 좌우 공간을 빼곡히 사용하면 증감이 뚜렷하지 않다

막대그래프를 좌우 빼곡히 그리면 증감이 둔하게 느껴진다!

하는 바를 효과적으로 전달하기 위해서 이러한 편집 능력을 갖추는 것이 설득력을 높이는 비결이라 할 수 있다.

  또한 이 기술은 그래프를 슬라이드 왼쪽 공간의 절반만 차지하도록 배치하는 것과 짝을 이룬다. 〔도표 17-4〕를 보자. 같은 그래프라도 그래프를 슬라이드 좌우 공간을 가득히 사용하여 나타낼 경우 증감이 눈에 확 띄지 않는다.
  한편 〔도표 17-5〕와 같이 굵은 화살표를 첨가하면 보다 강하게 증

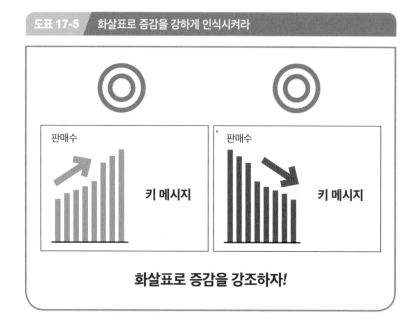

**도표 17-5** 화살표로 증감을 강하게 인식시켜라

판매수

키 메시지

판매수

키 메시지

**화살표로 증감을 강조하자!**

감을 드러낼 수 있다. 증가의 경우에는 푸른색, 감소의 경우에는 붉은색으로 색상을 입히자. 거기에다 숫자 크기도 7월 매출인 96만 엔을 6월 매출인 53만 엔보다 크게 하면 실적이 껑충 뛴 인상을 풍길 수 있다〔도표 17-2〕.

막대그래프는 위에서 소개한 순서대로 편집을 하면 훨씬 더 이해하기 쉬운 그래프로 만들 수 있다. 처음에는 서툴러서 헤매겠지만 익숙해지면 복잡한 그래프도 눈 깜짝할 사이에 편집할 수 있게 된다.

# 막대그래프에서 18
## 이것만은 반드시 피해라

## 생략을 의미하는 물결선은 사용하지 말자

막대그래프는 제법 사용하기 편한 그래프이므로 보고서에서 사용 빈도가 가장 많은 그래프이다. 단, 사용상 몇 가지 주의점이 있다. 알기 쉽게 좋지 않은 막대그래프를 예로 살펴보자.

먼저 일명 발이 잘린 그래프, 생략선이라 불리는 물결선을 사용한 막대그래프는 좋지 않다. 〔도표 18-1〕과 같이 월별 매출 추이를 나타낼 때, 매월 변화가 미미할 때에는 물결선을 사용하고 싶은 충동이 인다.

그런데 물결선을 사용하면 보고서에 대한 인상을 조작하려고 하는 건 아닌지, 눈속임을 하려는 건 아닌지 하는 의심을 받을 우려가 있다. 이러한 경우에는 매월 변동이 미미하더라도 차라리 대놓고

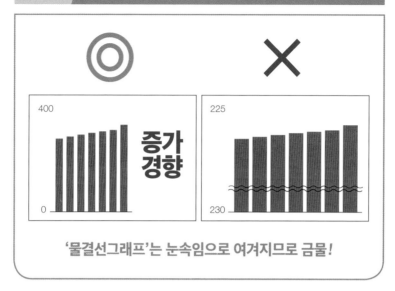

직접적으로 보여주는 것이 좋다. 멋모르고 물결선 그래프를 사용하여 공연한 의심을 불러일으킬 일이 없으므로 발표를 훨씬 순조롭게 진행시킬 수 있다.

## 3D 그래프, 가로형 막대그래프도 사용하지 말자

3D 그래프 역시 좋지 않다. 3D 그래프는 〔도표 18-2〕에서 보듯

이 겉보기에는 제법 세련되고 멋있게 보이지만 원근에 따라 막대그래프의 길이가 들쭉날쭉하므로 길이를 정확하게 파악하기 어렵다. 보나 마나 '이거 눈속임 아니야?' 하는 의심을 받을 것이 뻔하다. 적어도 보고서에서는 기존에 하던 대로 2D 그래프를 사용하는 것이 현명하다.

더불어 〔도표 18-3〕과 같은 가로형 막대그래프도 추천하지 않는다. 보통은 세로형 막대그래프가 익숙하기 때문에 가로형 막대그래프를 직관적으로 파악하는 것은 쉽지 않다. 가로형 막대그래프가

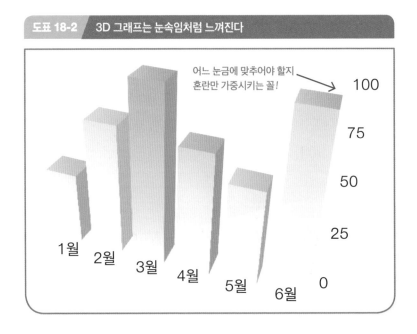

도표 18-2    3D 그래프는 눈속임처럼 느껴진다

어느 눈금에 맞추어야 할지 혼란만 가중시키는 꼴!

100
75
50
25
0

1월  2월  3월  4월  5월  6월

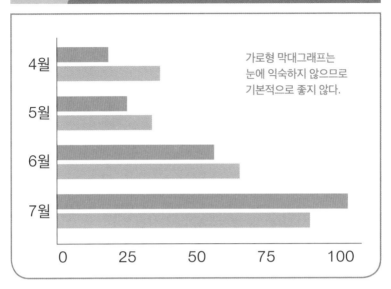

도표 18-3　가로형 막대그래프는 직관적 파악이 어렵다

4월

5월

6월

7월

가로형 막대그래프는
눈에 익숙하지 않으므로
기본적으로 좋지 않다.

0　　　25　　　50　　　75　　　100

왠지 신선하게 보일 수는 있으나 보고서란 누가 뭐라 해도 알아보
기 쉬워야 한다. 그러므로 괜한 시간 낭비하지 말고 세로형 막대그
래프로 통일하는 것이 좋다.

　단, 설문조사 결과를 막대그래프로 만들 때만큼은 가로형 막대그
래프를 사용하자. 일반적으로 설문조사 결과는 가로형 막대그래프
로 보는 것이 눈에 더 익숙하다. 이 경우 한 번 쓱 보고 인식할 수
있는 확률이 세로형 막대그래프보다 훨씬 높다.

# 19

## 원그래프는
## 단색으로 인상을 남겨라

### 단색과 회색 그러데이션을 적절히 사용하자

원그래프 역시 보고서에서 자주 사용하는 그래프인데 특히 구성
비나 비율을 나타내는 데 적합하다. 원그래프 역시 이해하기 쉽게
만드는 기술이 있다.

먼저 〔도표 19-1〕은 휴대전화 홍보에 관한 보고서다. 30대 여성
을 타깃으로 한 홍보를 제안하고자 하는 슬라이드다. 여성 고객 중
에서도 30대 여성이 두드러지게 많다는 사실을 보여주고 있다.

그러나 이 슬라이드에서 전달하고자 하는 바가 무엇인지 쉽게 알
수 있겠는가? 〔도표 19-2〕처럼 편집을 해보는 게 어떨까.

일단 결재자가 주목하기를 바라는 것은 원그래프의 색이다.

**여성 고객 구성비**

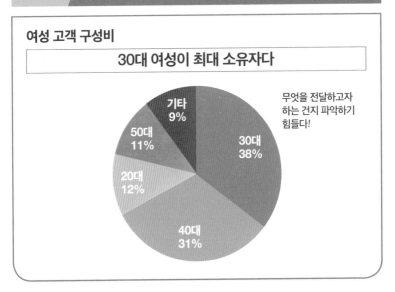

| 30대 여성이 최대 소유자다 |

무엇을 전달하고자
하는 건지 파악하기
힘들다!

기타 9%
50대 11%
20대 12%
30대 38%
40대 31%

　30대 여성 부분만 푸른색으로 강조하고 그 외에 다른 부분은 회색 그러데이션으로 표현한다. 그리고 이 부분을 원그래프 자체에서 잘라내어 조금 빼놓는 디자인을 적용한다. 이렇게 하면 30대 여성이 많다는 것을 누구라도 한눈에 알 수 있다.

　일명 단색 효과라고 하는데, 흑백 배경에 1가지 색만 배치함으로써 단색 부분을 돋보이게 만드는 편집 기법이다.

그리고 단색 부분 위에 '30대 여성 38%'라고 텍스트를 배치하지 않고 키 메시지로 큼지막하게 표시하였다. [도표 19-1]의 키 메시지는 '30대 여성이 최대 고객층이다'인데, 상한선인 13자를 꼭 채웠음에도 키 메시지의 요소로서 무엇보다 강력한 '38%'라는 숫자가 빠져 있다.

그래서 [도표 19-2]와 같이 '30대 여성 38%'를 키 메시지로 삼아

**도표 19-2** 이해하기 쉬운 원그래프

여성 고객 구성비

단색 효과!

30대 여성

38%

기타
9%

50대
11%

20대
12%

40대
31%

큼지막하게 배치하였다. 그리고 '38%' 부분을 원그래프의 색깔과 똑같이 푸른색으로 색을 입혔는데, 보기에 어떤가? 원그래프와 키 메시지가 연동되어 30대 여성이 38%로 최대 고객층이라는 점을 한눈에 알 수 있다.

나아가 30대 여성이 휴대전화를 사용하고 있는 비주얼 자료를 덧붙여 메시지 전달이 한층 수월해졌다. 남성·여성처럼 비교적 비주얼 자료로 표현하기 쉬운 정보는 사진을 덧붙이면 직관적으로 이해가 되는 슬라이드로 바뀌는 효과를 거둘 수 있다.

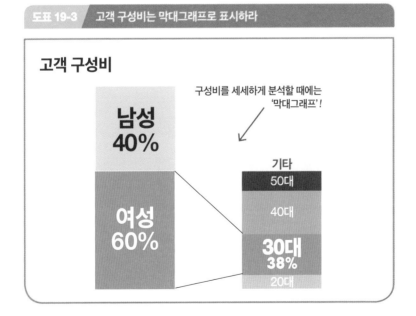

**도표 19-3** 고객 구성비는 막대그래프로 표시하라

고객 구성비

남성 40%

여성 60%

구성비를 세세하게 분석할 때에는 '막대그래프'!

기타
50대
40대
30대 38%
20대

한편 구성비를 세분화하여 나타낼 경우에는 〔도표 19-3〕과 같이 막대그래프로 표현한다. 여기서 주의할 점은 반드시 왼쪽에서 오른쪽으로 전개해야 한다는 것이다. 이 그래프처럼 요소를 보다 세분화하는 경우뿐만 아니라 시계 방향으로 나란히 늘어놓을 경우 등에도 반드시 왼쪽에서 오른쪽으로 흐르도록 통일해야 한다. 혹여 왼쪽에서 오른쪽과 오른쪽에서 왼쪽이 뒤죽박죽 섞여 있으면 결재자가 혼동하기 쉬우니 유의하자.

# 꺾은선그래프는
## 각도가 생명이다

## 20

## 꺾은선그래프에서 숫자는 꼬리에 배치하자

꺾은선그래프 역시 보고서에서 빈번하게 볼 수 있는 그래프다.

특히 추이를 나타내거나 비교에는 아주 적합하다. 다만 여러 꺾은선이 교차하는 경우에는 그래프가 복잡해지기 십상이므로 편집하는 데 가장 손이 많이 가는 그래프이기도 하다.

그럼 이번에는 꺾은선그래프를 구체적으로 편집해보자.

〔도표 20-1〕은 상품의 반품률 추이를 경쟁사 2군데와 비교한 것이다. 자사의 반품률이 급격히 높아지고 있는 사실에 경종을 울리고, 대책의 필요성을 호소하는 슬라이드다.

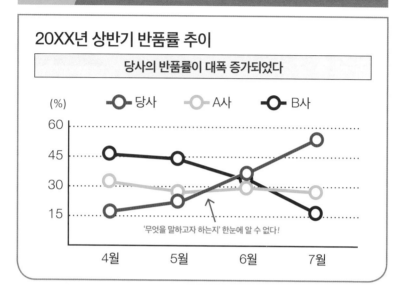

20XX년 상반기 반품률 추이

당사의 반품률이 대폭 증가되었다

(%)    ●━ 당사    ○─ A사    ●━ B사

60
45
30
15

'무엇을 말하고자 하는지' 한눈에 알 수 없다!

4월        5월        6월        7월

이 슬라이드를 〔도표 20-2〕와 같이 편집하였다.

우선 막대그래프와 마찬가지로 쓸데없는 숫자, 선, 일러두기(●─당사, ○─A사, ●─B사 부분)는 전부 삭제했다. 그래프의 꺾은선 위에 띄엄띄엄 붙어 있는 숫자는 필요 없다. 최근 숫자인 당사 53%, A사 29%, B사 18%만 꺾은선의 꼬리에 표기하면 된다.

중요한 것은 결재자에게 강한 인상을 남기고 싶은 '당사 53%' 부분을 큼지막하게 표시하는 것이다. 더구나 자사 입장에서는 위기 상황이므로 경보를 울리고자 붉은색을 입혔다.

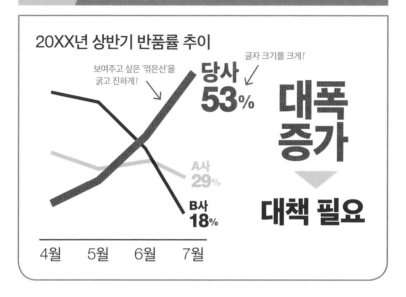

**20XX년 상반기 반품률 추이**

보여주고 싶은 '꺾은선'을
굵고 진하게!

글자 크기를 크게!

당사
**53%**

A사
**29%**

B사
**18%**

대폭
증가

대책 필요

4월　5월　6월　7월

## 일러두기는 그래프 안에 삽입하자

막대그래프와 마찬가지로 꺾은선그래프에 가로선은 필요 없다.
또한 반품 비율을 보여주는 그래프이므로 세로축은 100%가 된다.
고로 세로축의 눈금도 필요 없다. 수량을 나타내는 꺾은선그래프인
경우에는 세로축의 눈금이 필요하지만 이 경우에는 최소한으로 줄
이면 된다.

일러두기 역시 삭제했다. 꺾은선그래프뿐만 아니라 그래프에는 보통 일러두기가 자주 나오는데, 작게 표시해야 하므로 그래프가 복잡해 보이기 십상이다. 따라서 일러두기는 과감하게 삭제하고, 해당 내용을 그래프 안에 삽입하는 것이 좋다.

## 꺾은선의 각도를 살리자

아울러 꺾은선그래프를 한층 효과적으로 보여주는 묘술이 있다.

먼저 강조하고 싶은 꺾은선을 굵고 진하게 나타낸다. 〔도표 20-2〕에서 가장 중요한 것은 다름 아닌 당사의 반품률이 급격하게 증가하고 있다는 사실을 보여주는 것이다. 따라서 당사의 꺾은선을 굵고 진하게 표시하면 결재자의 주의를 환기시키는 효과가 있다. 여기에 바람직하지 않은 상황이므로 붉은색을 입힌다.

그리고 슬라이드의 절반인 좌측 공간에 그래프를 배치하면 그래프의 가로 폭을 좁힐 수 있다. 이렇게 하면 꺾은선에 각도가 급격히 커지므로 보다 위기감이 느껴지게 만드는 효과가 있다. 그냥 봐도 〔도표 20-1〕의 완만한 꺾은선보다는 〔도표 20-2〕의 가파른 꺾은선이 전달력이 강하다는 느낌이 든다.

참고로 그래프의 가로 폭을 좁히면 자연히 우측에 키 메시지가 들어갈 공간을 확보할 수 있다. 이 또한 상당히 효과적인 기술이므로 꺾은선 그래프를 편집할 때에는 잊지 말고 계속하여 활용해보자.

 마지막으로 [도표 20-1]의 꺾은선 그래프 상에는 마디마디 동그라미(○) 모양이 붙어 있는데 이는 굳이 필요하지 않다. 꺾은선 그래프는 사물의 추이, 타사와의 비교가 가능하면 되므로 불필요한 요소는 모조리 다 걷어내도 무방하다.

# 설문조사 그래프는
## 간략하게 만들어라

**21**

## 복수 응답형은 막대그래프, 합계 100%는 원그래프를 이용하자

사내 보고의 경우 설문조사 결과를 이용해 프레젠테이션을 진행하고자 하는 경우가 많다.

보통은 자사에서 실시한 설문조사를 토대로 하는 경우도 있고, 인터넷에서 입수한 설문조사 결과를 참고 데이터로 활용하는 경우도 있다. 두 경우 모두 설문조사 결과는 그래프로 만들어야 한다.

가끔 보면 〔도표 21-1〕처럼 설문조사의 집계표를 본문 슬라이드에 그대로 갖다 붙이는 사람이 있는데, 매우 이해하기 어렵기 때문에 좋지 않다. 반드시 한눈에 파악할 수 있도록 설문조사 결과를 그래프로 만들어야 한다. 그리고 원 데이터는 부록에 첨부하자.

## 소비자 설문조사 결과 : 자주 먹는 과일

설문조사 집계표를
그대로 싣는 것은 NG!

| 전체(n=300) | | | 남성(n=150) | | | 여성(n=150) | | |
|---|---|---|---|---|---|---|---|---|
| 1위 | 바나나 | 76% | 1위 | 바나나 | 74% | 1위 | 바나나 | 78% |
| 2위 | 사과 | 61% | 2위 | 사과 | 61% | 2위 | 사과 | 62% |
| 3위 | 귤 | 48% | 3위 | 귤 | 48% | 3위 | 귤 | 47% |
| 4위 | 딸기 | 41% | 4위 | 딸기 | 40% | 4위 | 딸기 | 42% |
| 5위 | 자몽 | 28% | 5위 | 오렌지 | 23% | 5위 | 키위 | 37% |
| 6위 | 오렌지 | 27% | 6위 | 자몽 | 21% | 6위 | 자몽 | 35% |
| 7위 | 키위 | 27% | 7위 | 파인애플 | 19% | 7위 | 오렌지 | 21% |
| 8위 | 배 | 21% | 8위 | 배 | 18% | 8위 | 배 | 23% |
| 9위 | 파인애플 | 20% | 9위 | 포도 | 17% | 9위 | 파인애플 | 20% |
| 10위 | 포도 | 18% | 10위 | 키위 | 17% | 10위 | 수박 | 15% |

설문조사를 그래프로 만드는 방법은 크게 2가지를 사용하는 게 좋은데, 바로 막대그래프와 원그래프다.

이 두 가지는 어떻게 구분해서 사용하면 좋을까?

〔도표 21-1〕과 같이 복수 응답이어서 그래프에 표시되는 퍼센트의 합계가 100%가 되지 않는 경우에는 〔도표 21-2〕처럼 막대그래프로 만들고, 100%가 되는 경우에는 〔도표 21-3〕처럼 원그래프를 활용하면 된다.

다만 주의할 점은 앞서 밝힌 대로 설문조사의 막대그래프는 가로

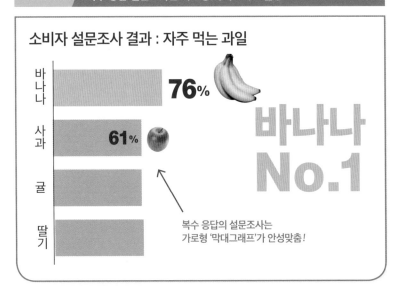

**도표 21-2** 복수 응답 설문조사는 가로형 막대그래프 활용

소비자 설문조사 결과 : 자주 먹는 과일

바나나 **76%**

사과 **61%**

귤

딸기

바나나 No.1

복수 응답의 설문조사는
가로형 '막대그래프'가 안성맞춤!

형 막대그래프로 만들어야 한다는 점이다. 막대그래프는 원래 세로
형 막대그래프가 기본이나 일반적으로 설문조사에 관해서는 가로
형 막대그래프가 좋다. 그 외에는 전부 세로형 막대그래프를 사용
하는 것으로 기억해두면 보고서 작성 시 센스 있게 활용할 수 있다.

그리고 원 데이터에는 10가지 과일이 실려 있는데, 그래프에서
10종류를 모두 표시할 필요는 없다. 무리하게 전부 다 표시하려 한
다면 오히려 공간에 제한이 있어 상당히 보기 힘든 그래프로 전락
하고 만다. 여기서는 '소비자가 가장 원하는 것은 무엇인가?'가 전

**도표 21-3** 합계가 100%인 설문조사는 원그래프 활용

소비자 설문조사 결과 : 자주 먹는 과일

합계가 100%인 설문조사는
'원그래프'가 제격!

8%
10%
11%
40%
30%

바나나 No.1

해져야 하므로 〔도표 21-2〕, 〔도표 21-3〕과 같이 줄여서 상위 4종류
만 그래프로 만들어도 충분하다.


## 설문조사 항목은 단어로 바꾸자

　설문조사 결과를 슬라이드로 만들 때, 골칫거리가 있다.

　흔히 설문조사는 대상자에게서 정확한 응답을 끌어내야 하므로

한눈에 들어오는 그래프가 이긴다　**151**

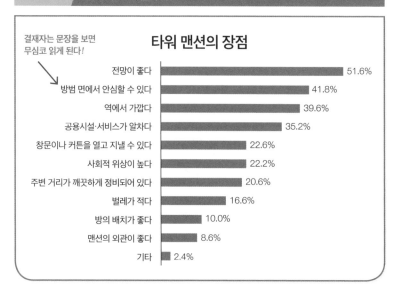

**타워 맨션의 장점**

결재자는 문장을 보면
무심코 읽게 된다!

| 전망이 좋다 | 51.6% |
| 방범 면에서 안심할 수 있다 | 41.8% |
| 역에서 가깝다 | 39.6% |
| 공용시설·서비스가 알차다 | 35.2% |
| 창문이나 커튼을 열고 지낼 수 있다 | 22.6% |
| 사회적 위상이 높다 | 22.2% |
| 주변 거리가 깨끗하게 정비되어 있다 | 20.6% |
| 벌레가 적다 | 16.6% |
| 방의 배치가 좋다 | 10.0% |
| 맨션의 외관이 좋다 | 8.6% |
| 기타 | 2.4% |

〔도표 21-4〕처럼 선택지가 구체적으로 긴 문장으로 되어 있기 마련
이다. 그런데 이를 고스란히 슬라이드에 실으면, 결재자는 긴 문장
을 읽는 데 번거로움을 느낀다.

　긴 문장을 읽는 것 자체만으로도 시간을 잡아먹음은 물론 "이 항
목에 대해서 소비자의 반응은 어떠한가?" 하고 본의 아니게 보고의
취지에 어긋난 토론이 벌어지는 수도 있다.

　따라서 〔도표 21-5〕와 같이 설문조사 항목은 모두 단어로 바꾸는
것이 좋다. 어려울 경우에는 최대한 짧막한 문장으로 바꾸자.

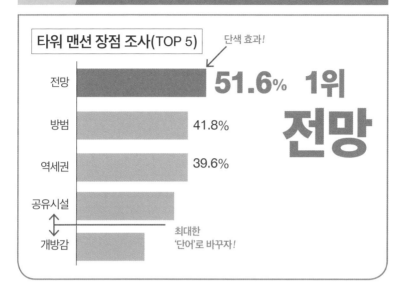

**도표 21-5** 읽을 필요가 없는 슬라이드

타워 맨션 장점 조사(TOP 5)

단색 효과!

전망 **51.6%** **1위**

방범 41.8%

역세권 39.6%

공유시설

**전망**

개방감

최대한
'단어'로 바꾸자!

　글자는 작아도 되고, 하위 항목을 생략해도 된다. 혹 "기타에는 어떤 항목이 있는가?"라는 질문을 받더라도 원 데이터를 부록에 넣어두면 문제없다. 물론 그래프 자체도 전달하고 싶은 부분 이외에는 회색으로 색을 변경한다. 앞서 소개한 단색 효과를 노림과 동시에 애써 읽지 않아도 되는 부분을 눈에 띄지 않게 만드는 효과도 기대할 수 있어 일석이조다. 이처럼 보고서를 만들 때에는 결재자의 머릿속에서 주객이 전도되지 않도록 정보를 생략하거나 표현에 강약을 주는 것도 상당히 중요하다.

# 데이터를 이미지화하라

**22**

## 적확한 데이터를 찾아내는 검색 요령

보고서에서 최대 무기는 무엇보다 데이터다. 얼마나 양질의 데이터를 수집해서 결재자를 설득할 것인지가 바로 채택 여부를 결정짓는 데 관건이기 때문이다. 그러므로 자사에서 얻은 데이터와 조사 결과만으로는 결정적인 근거가 부족할 때, 스스로 조사해서 데이터를 만들어낼 시간이나 예산이 없을 때에는 무슨 수를 써서라도 회사 밖에서 데이터를 최대한 끌어모아야 한다.

이때 중요한 것은 다름 아닌 인터넷 검색 기술이다. 단시간에 효율적으로 적확한 데이터를 찾아내는 능력을 갈고닦을 필요가 있다. 당신도 실제로 데이터 검색 능력이 보고서를 만드는 데 드는 시간을 크게 좌우한다는 사실을 실감한 적이 있을 것이다. 간단한 요령을 제시해보겠다.

데이터 검색 요령은 다음 2가지다. 먼저 중요한 요령은 기간을 지정하여 검색하기다.

보고서에서 필요한 것은 최신 데이터다. 비즈니스에서 1년 이상 경과된 정보는 쓸모없는 정보나 다름없다. 따라서 최소한 1년 이내로 기간을 지정하여 검색해야 한다. 기간을 지정하면 검색되는 사이트의 수도 자동으로 걸러지므로 그만큼 쉽게 최적의 데이터를 손에 넣을 수 있다.

**도표 22-1** 기간을 지정하여 검색하자

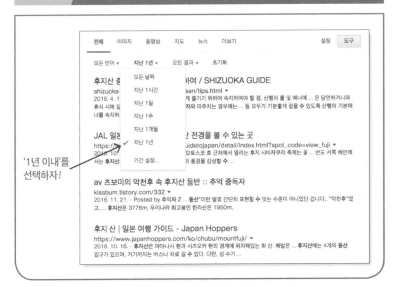

'1년 이내'를
선택하자!

기간 검색 방법은 구글Google의 검색창 바로 아래에 있는 검색 도구를 클릭〔도표 22-1〕하면 '기간 지정 없음'이라는 태그가 나오는데, 이를 '지난 1년'으로 다시 설정한다. 만일 가장 최근 데이터로 기간을 한정하고 싶을 때에는 반년, 1개월로 지정하면 된다.

## 데이터는 이미지로 검색하라

데이터 검색 요령의 다른 하나는 바로 이미지로 검색하는 것이다.

그래프나 표는 인터넷상에서 이미지 상태로 존재하기 때문에 원하는 데이터를 찾을 때에는 텍스트 검색보다, 이미지를 검색하는 것이 압도적으로 빠른 길이다.

방법은 아주 간단하다. 예를 들면 '후지산 등산자 수'라는 키워드로 검색하면 〔도표 22-1〕과 같은 검색 결과가 화면에 표시된다. '1년 이내'로 기간을 지정한 다음에 검색창 바로 아래에 있는 이미지를 클릭하면, 웹 페이지 안에 포함된 사진이나 일러스트, 그래프 등 각종 이미지만 표시된 화면으로 바뀐다〔도표 22-2〕.

그중에서 자료로 사용하고 싶은 그래프를 발견하면 클릭하여 '페이지를 표시'에서 해당 사이트로 넘어간다. 그 사이트가 신뢰할 수 있는지 여부를 확인한 다음 문제가 없다고 판단되면, 그래프를 복

사하여 슬라이드에 붙여 넣으면 된다. 물론 본문 슬라이드에 넣을
경우 편집은 당연히 해야 한다.

이미지 검색은 해외 사이트에서도 데이터를 쉽게 찾을 수 있다는
장점이 있다. 예를 들어 국제 표준을 알고 싶다거나 해외 경쟁사의
동향을 조사하고 싶은 경우, 외국어에 능한 사람이라면 외국어 사
이트도 어렵지 않게 읽고 해석할 수 있다. 하지만 외국어에 자신이
없는 사람이라도 이미지를 검색한다면 걱정하지 않아도 된다.

예를 들면 'mountain heights comparison'이라는 키워드로 이

도표 22-2    데이터는 이미지로 검색하자

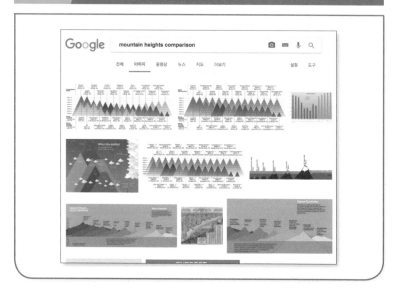

미지 검색을 하면 [도표 22-3]과 같은 이미지가 표시된다. 이처럼 비주얼로 표현된 그래프나 표는 외국어가 서툴러도 사전을 찾아보면 웬만큼은 이해할 수 있다. 이미지로 검색하면 전 세계에서 적절한 데이터를 찾아내는 건 어렵지 않다.

보고서 자료에 필요한 데이터를 준비하는 데는 이미지 검색이라는 든든한 지원군이 있으니 요긴하게 활용하자.

## KEY POINT

· 한눈에 이해가 가능한 그래프를 만들어라.

· 1슬라이드=1그래프의 원칙을 지켜라.

· 'ㄱ자 법칙'을 기억하고 그래프는 좌측, 메시지는 우측에
  배치한다.

· 애니메이션 효과를 적절히 활용하라.

· 숫자를 강조해 주목도가 높은 슬라이드를 만들어라.

· 내용에 따라 막대그래프, 원그래프, 꺾은선그래프를
  구분하여 활용하라.

4장

# 결재자의 이해를 돕는 비주얼 만들기

파워포인트로 보고서를 작성할 때에는
멋을 내기 위한 사진들은 오히려 역효과를 불러일으킨다.
상사의 이해를 돕는 사진만을 사용하자.
상사의 시선을 집중시킬 수 있는 파워포인트 스킬을
사용하는 것도 좋은 방법이다.

# 23

## 결재자의 이해를 돕는 사진을 활용하라

### 공감을 얻기 위한 사진은 역효과가 난다

　보고서에서 비주얼은 중요한 요소다. 하지만 보고서에서 요구되는 비주얼은 겉보기에 예쁘고 멋있는 사진이 아니다. 결재자가 슬라이드를 본 순간 무릎을 탁 치며 "옳거니!" 하고 납득하는 것이 중요하기 때문에 꼭 필요한 사진만 활용하는 것이 현명한 방법이다. 아무리 멋들어진 사진이라도 이해하는 데 걸림돌이 된다고 여겨지면 미련 없이 삭제하자. 이것이 보고서 작성의 정석이다.

　그러므로 스티브 잡스의 프레젠테이션처럼 청중의 감정을 흔들고 임팩트를 주고자 하는 의도의 사진은 필요 없다. 예를 들어 사원 연수 프로그램을 제안하는 보고를 한다고 하자. 외부 고객을 대상으로 보고를 할 경우에는 〔도표 23-1〕과 같은 슬라이드를 만들어

영업 대상의 감정에 호소하면 효과를 톡톡히 본다.

　이는 단색 효과를 활용한 슬라이드다. 피곤하고 지친 비즈니스맨의 사진을 흑백으로 처리하고 위기감을 고조시키는 붉은색 글자로 '직원 사기 저하' 등의 텍스트를 배치하면, "음, 그래, 우리 회사 직원들도 어깨가 축 처져서 기운이 하나 없더라고……." 하고 공감을 얻을 수 있다. 아울러 영업 대상을 보고로 끌어들이는 효과도 기대할 수 있다.

　그러나 이 보고의 대상이 외부 고객이 아닌 사내 결재자라면 애

**도표 23-1**　　감정에 호소하는 사진은 필요 없다

직원 사기

▼

저하

사내 보고에 이러한
사진 슬라이드는 필요 없다!

기가 달라진다. 결재자는 애초에 보고에 귀를 기울이고자 그 자리에 앉아 있는 사람이므로 구태여 보고서로 끌어들일 필요가 없다. 되레 이러한 사진 슬라이드를 본다면 '아, 그런 건 됐고, 빨리 본론으로 들어가지.' 하는 생각만 든다.

결재자는 제한된 회의 시간 내에 산더미처럼 쌓인 안건을 연달아 결재해야 하는 바쁜 사람이다. 고로 보고는 최단 시간에 끝내는 것이 가장 좋다. 쓸모없는 비주얼은 사족이고 헛수일 뿐이라는 사실을 명심하자.


## 직관적인 이해를 돕는 사진 이용하기

보고서에서 효과적인 비주얼은 바로 결재자의 이해를 돕는 사진이다. 〔도표 23-2〕는 출판사의 사내 발표 자료다.

한쪽은 종이책의 매출 추이, 다른 한쪽은 전자책의 매출 추이를 정리한 것이다. 이러한 경우에는 종이책의 슬라이드에 종이책 사진을 첨가하고, 전자책의 슬라이드에는 태블릿 PC를 첨가하면 텍스트를 하나하나 읽지 않아도 한눈에 이해할 수 있지 않을까? 이러한 경우 사진을 사용하는 것은 효과를 극적으로 높이는 역할을 한다.

단, 오해를 불러일으키거나 괜한 지적을 받을 우려가 있을 때에

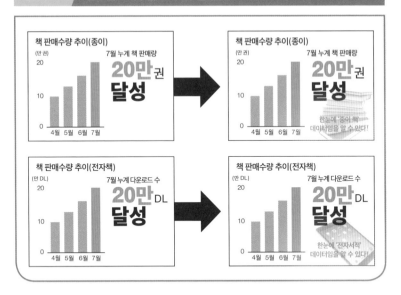

는 차라리 사진을 사용하지 않는 편이 낫다. 예를 들면 〔도표 23-3〕처럼 20대 여성의 데이터에 20대인지 확실치 않은 여성의 사진을 사용하고, 30대 여성의 데이터 역시 30대인지 확실치 않은 여성의 사진을 사용하면 혼동만 일으킨다. 이러한 경우에는 차라리 사진을 사용하지 말고 각각 '20대 여성', '30대 여성'이라는 텍스트를 큼지막하게 표시하는 편이 훨씬 효과적이다.

　보고서에서는 사진을 사용하는 것 자체에 의미 있는 것이 아니라 어디까지나 알기 쉬운 것에 의미가 있는 것이다. 사진의 사용 여부

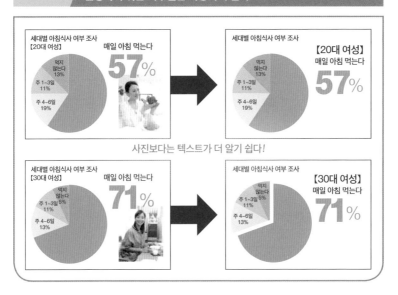

**도표 23-3** 혼동하기 쉬운 비주얼은 사용하지 말자

세대별 아침식사 여부 조사
【20대 여성】
매일 아침 먹는다
**57**%
먹지 않는다 13%
주 1~3일 11%
주 4~6일 19%

세대별 아침식사 여부 조사
【20대 여성】
매일 아침 먹는다
**57**%
먹지 않는다 13%
주 1~3일 11%
주 4~6일 19%

사진보다는 텍스트가 더 알기 쉽다!

세대별 아침식사 여부 조사
【30대 여성】
매일 아침 먹는다
**71**%
먹지 않는다 5%
주 1~3일 11%
주 4~6일 13%

세대별 아침식사 여부 조사
【30대 여성】
매일 아침 먹는다
**71**%
먹지 않는다 5%
주 1~3일 11%
주 4~6일 13%

를 판단할 때에는 항상 결재자의 입장에 서서 '이해하는 데 도움이 되는가?' 하고 자문해보는 습관을 들이자.

## 모델 사진보다는 현장 사진을 활용하자

아울러 사진을 활용할 때 몇 가지 주의사항이 있다.

먼저 지나친 미남 미녀 모델은 피해야 한다. 모델이 너무 예쁘면 본의 아니게 결재자의 시선이 모델에 집중되어버리기 때문이다.

마찬가지로 결재자가 여성인 경우에도 꽃미남 모델 사진을 사용하면 같은 상황이 벌어진다. 우스갯소리로 들릴지 모르지만 결재자의 주의를 주제에서 벗어나게 만들 우려가 있는 것은 사전에 차단하고 피하는 것이 상책이다. 지나치게 예쁘고 멋있는 모델 사진은 피하고 정감 있고 친숙한 모델 사진을 사용하는 것이 좋다.

그리고 현실감 있는 사진을 사용해야 한다.

가령 국내 기업에서 보기 좋고 폼이 난다는 이유로 외국인 모델 사진을 사용하는 것은 좋지 않다. 현실감이 없기 때문에 보고서에 설득력이 더해지지 않는다. 도리어 '왜 외국인이 나오지?' 하고 공연한 지적을 받을 수도 있다. 국내기업의 경우에는 자국인 모델을 사용하는 것이 무난하다.

혹 서비스업종의 회사라면 판매 현장의 이미지 사진을 사용하는 것이 한층 효과적인 경우도 있다. 이때에도 괜히 모양새가 좋다는 이유로 모델 사진을 사용하는 일은 피하는 것이 현명하다. 모델보다는 실제로 현장에서 촬영한 현실감 있는 사진이 훨씬 설득력이 있고, 호감을 얻기 쉽다는 것을 꼭 기억하자.

일러스트 사용도 최대한 피해야 한다. 〔도표 23-4〕를 보고 직접 눈으로 비교해보자. 양쪽 모두 일목요연하다는 장점이 있지만, 일러스트를 사용한 슬라이드는 유치하고 볼품없어 보이지 않는가?

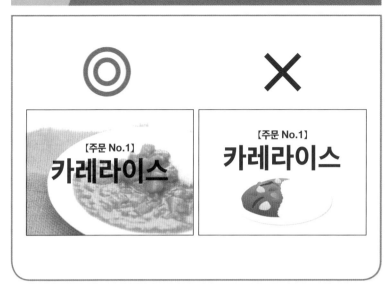

일러스트 때문에 슬라이드의 설득력이 떨어져버렸다. 특히 클립아트는 진부한 인상을 풍기므로 사용하지 않는 게 좋다.

# 최대한 고해상도
# 사진을 찾아라

# 24

## 1000px × 1000px 이상의 화질을 사용하자

보고서에 게재할 사진을 인터넷 검색으로 찾는 경우도 많을 것이다.

이때 유의해야 할 것이 있다. 바로 인터넷상에는 화질이 좋은 이미지가 매우 많다는 사실이다. 내용에 꼭 맞는 사진이라는 이유로 행여 저화질의 사진을 사용했다가는 자칫 보고를 망치는 수가 있다. 화질이 조잡한 사진은 본의 아니게 보는 사람에게 불쾌감을 주고, 성의 없게 만든 보고서라는 느낌을 줄 위험이 있다.

반대로 화질이 선명하고 현실성 있는 사진을 찾아낸다면, 더더욱 효과적인 보고서를 만들 수 있다. 정성껏 준비한 자료라는 인상을 풍기면, 보고의 내용 자체에 대한 신뢰감이 높아진다는 점을 기억하자.

그러므로 사진 같은 이미지를 사용할 때에는 반드시 1000px×
1000px 이상의 화질의 이미지를 사용하자. 이 정도 화질이라면 화
면 전체에 표시하기에도 충분하다.

참고로 고화질 이미지를 효율적으로 검색하는 방법을 소개한다.

예를 들어 후지산 이미지를 검색할 경우 먼저 구글의 검색창에
후지산이라고 입력하여 검색한다. 검색 결과 화면이 표시된 후 검
색창 바로 아래에 있는 이미지를 클릭하면 후지산의 이미지가 나란
히 뜬다〔도표 24-1〕.

**도표 24-1** 이미지는 큰 사이즈로 검색하자

그런데 이 시점에서는 1000px×1000px 이하의 이미지도 뒤죽박죽 섞여 있기 때문에 추가로 화질을 분류할 필요가 있다. '검색 도구'를 열면 '크기 태그'가 표시되는데, 이것을 클릭한다. 초기 설정에서는 모든 크기로 지정되어 있으므로 큰 사이즈로 설정을 변경한다.

이렇게 하면 1000px×1000px 이상의 고화질 이미지만 걸러져서 표시된다. 이 중에서 전달하고자 하는 이미지에 적합한 사진을 찾으면 된다.

## 키워드를 미리 메모해두자

구글의 검색 도구는 사용하기 편리하므로 꼭 활용하자.

예를 들어 일하는 여성의 얼굴사진을 사용하고자 하는 경우에는 먼저 '일하는 여성'이라는 키워드로 검색한 다음 '이미지→크기→큰 사이즈' 순으로 진행한다. 여기서 검색 도구의 유형을 선택하면 거기에 얼굴이라는 태그가 있는데, 이것을 클릭하면 일에 열중하고 있는 여성의 얼굴이 담긴 고화질 사진이 검색된다.

검색 도구의 색상 태그도 사용할 수 있다.

사실 보고서에서는 사용빈도가 낮지만 임팩트를 주는 데는 흑백

사진만 한 이미지도 없다. 앞서 소개한 것처럼 흑백사진 위에 단색을 입힌 텍스트를 배치하면 상당히 효과적이다. 이러한 효과를 노리고 흑백사진을 찾고자 한다면 검색 도구의 색상 태그를 열어 흑백을 선택하면 흑백사진만 표시된다.

또한 구글에서 보다 효율적으로 검색하기 위해서는 나 홀로 브레인스토밍 단계에서 키워드를 메모해두면 도움이 된다. 가령 자신감을 잃은 남성 샐러리맨의 사진이 필요하면 '비즈니스맨, 남성, 고민' 등의 키워드, 육아에 지친 여성의 사진이 필요하면 '주부, 육아, 어깨 결림' 등의 키워드를 메모해두자.

미리 메모해두면 슬라이드를 만들 때 작업이 지체되는 일 없이 단숨에 해치울 수 있다. 보고서를 효율적으로 만들기 위해서라도 준비는 철저히 하자.

# 결재자의 시선을 확실하게 끌라

## 25

### 애니메이션 효과는 적절히 사용하자

화면 전환, 글자 삽입······. 프레젠테이션 프로그램에는 여러 가지 애니메이션 기능이 있어 무의식중에 사용하기 십상이다. 그러나 사내 보고에서 애니메이션 연출은 거의 필요 없기 때문에 기본적으로는 사용하지 않는 것이 좋다는 사실은 앞에서 이야기 했다. 그럼에도 회사 설명회나 주주총회, 영업 보고 등에서는 듣는 사람에게 임팩트를 주고, 관심을 다른 데로 돌리지 않도록 세련된 슬라이드 전환이나 재미있는 글자의 움직임 같은 애니메이션의 활용이 필요하다.

하지만 결재 사인을 받기 위한 사내 보고에서 애니메이션을 지나치게 많이 이용하는 것은 좋지 않다. 연출은 필요한 선에서 최소화하고, 최단시간에 제안을 끝마치는 것이 정석이다.

앞서 이야기했지만 실제로 사내 보고에서는 열띤 토론 중에 "4페이지에 있는 자료를 다시 한 번 보여주게."라는 지시가 자주 있다. 그런데 이때 해당 슬라이드를 표시할 때마다 요란한 애니메이션으로 슬라이드가 전환되거나 글자와 그래프가 산만하게 하나 둘씩 표시되면, 본의 아니게 토론의 흐름이 깨져 '뭐하러 저런 데까지 공을 들였을까.' 하는 생각에 결재자는 인상을 찌푸리게 된다.

목표는 심플하고 논리적인 보고서다. 그리고 토론시 깊이 의논하는 것이다. 쓸데없이 휘황찬란한 애니메이션은 오히려 역효과를 낳는다는 사실을 명심하자.


## 제한적인 애니메이션 효과 사용으로 논리를 강화하라

결재자의 눈길을 끌거나 이해를 돕는 데 효과적이라면 애니메이션은 제한적으로 사용할 만하다.

단, 사내 보고에서 사용해도 좋은 애니메이션은 지극히 제한적이다. 기본적으로는 다음 2종류만 사용하기를 권한다.

&lt;사용 가능한 애니메이션&gt;
- **파워포인트**Powerpoint **: 페이드**
- **키노트**Keynote **: 디졸브**


　명칭은 다르나 애니메이션 효과는 같다. 이 2가지 모두 애니메이션 설정을 한 텍스트나 그래프가 서서히 표시되는 기능이다. 결재자에게 임팩트를 주기 원하는 텍스트나 그래프를 강조하는 데 효과적인 애니메이션이다. 적당한 효과가 아닌 자연스러운 움직임이므로 사용하기 편한 기능이다.

　파워포인트에서는 애니메이션 효과에서 선택하고, 키노트에서는 애니메이션의 빌드인에서 선택한다. 파워포인트에도 디졸브라는 기능이 있는데, 이는 전혀 다른 애니메이션이므로 주의하자. 그리고 같은 기능이더라도 디바이스에 따라 애니메이션의 움직임이 바뀌는 경우가 있으니 반드시 사전에 시연해보고 확인하자.

　그러면 이 기능을 어디에 사용하면 좋을까?

　앞서 언급했듯이 슬라이드 1장 안에서 애니메이션을 활용하여 결재자의 눈길을 사로잡는 데 사용하는 것이 좋다.

　먼저 그래프만 보여준다. 그다음에 그래프가 의미하는 바를 표시하고 나서 '그래서 이렇게 해야 한다'는 키 메시지를 보여주는 식이다〔도표 16-6〕. 입으로 전달하는 내용과 슬라이드에 나타나는 내용을 일치시켜서 결재자가 하나씩 확실하게 이해할 수 있도록 돕는 역할을 한다. 아울러 회의 참가자 전원이 발표 내용을 이해하는 데 진도를 맞출 수 있다는 장점도 있다.

## 매직 무브를 이용하여 최강의 슬라이드를 만들자

슬라이드 전환 기능에는 잔물결, 소용돌이 등 움직임이 큰 애니메이션도 많은데, 사내 보고에서는 결재자가 쓸데없는 것으로 여겨 역효과만 낳으니 사용하지 않는 것이 낫다.

단, 한 가지 예외가 있다. 바로 '매직 무브'인데, 키노트에만 탑재되어 있는 기능이므로 파워포인트 사용자는 사용할 수 없다. 내가 프레젠테이션 연수에서 매직 무브를 소개하면 수강생들이 하나같이 "우와, 매직 무브 때문에라도 키노트를 사용하고 싶어요!" 하고 입을 모아 칭찬할 정도로 우수한 기능이다.

매직 무브란 연속되는 2장의 슬라이드에서 같은 텍스트나 그래프를 사용하는 경우, 앞장 슬라이드의 위치에서 뒷장 슬라이드의 새로운 위치로 이동하는 것을 눈으로 직접 확인할 수 있는 애니메이션이다.

예를 들면 〔도표 25-1〕과 같이 키 메시지의 일부를 잘라내어 다음 슬라이드로 이동하고, 그 텍스트에 대한 상세한 설명을 이어나갈 때에 활용한다. 앞장의 키 메시지의 일부가 다음 장의 슬라이드로 이동하는 것을 눈으로 따라갈 수 있어 결재자는 2장의 슬라이드의 인과관계를 직관적으로 한층 더 쉽게 이해할 수 있다.

또는 〔도표 25-2〕처럼 1번째 슬라이드에서 3가지 포인트를 표시하고, 2번째 이후 슬라이드에서 그 포인트를 하나씩 설명을 진행할 때에도 효과적이다. 결재자에게 3가지 포인트를 계속 인식시키면서 '3가지 포인트 중에서 지금 이 포인트에 대해서 설명하고 있다'는 점을 굳이 입 밖에 내지 않아도 알 수 있도록 해준다.

지금까지 몇 가지 애니메이션 기술을 소개하였다.

그러나 다시 말하지만 지나치게 많이 또 자주 사용하는 것은 좋지 않다. 애니메이션을 사용하는 이유는 단 한 가지, 다름 아닌 결재자의 이해를 돕기 위해서임을 명심하자.

불과 5~9장 분량의 보고서에서 애니메이션을 사용하는 데는 고작 1군데, 많아보았자 2군데 정도면 적당하다는 생각을 가지자. 특히 신입사원처럼 보고 경험이 적은 사람은 애니메이션은 일절 사용하지 않는다는 전제로 보고서를 만들기를 권한다.

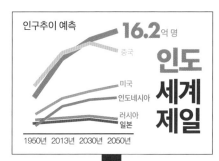

인구추이 예측 **16.2**억 명

중국

**인도 세계 제일**

미국
인도네시아

러시아
일본

1950년 2013년 2030년 2050년

〔멘트 예〕
"○○○○○가 발표한 인구추이 예측에 따르면, 2030년 즈음에 인도가 중국을 따돌리고 세계 제일이 된다고 합니다."

인도 인도 인도

애니메이션 효과를 이용하여 이동

매직 무브로 **시선 유도**

인도

**1. 집중 투자**
**2. 현지법인 설립**

〔멘트 예〕
"따라서 앞으로 세계 제일의 시장이 될 인도에 집중적으로 투자를 하고, 현지법인을 설립하는 방안을 제안합니다."

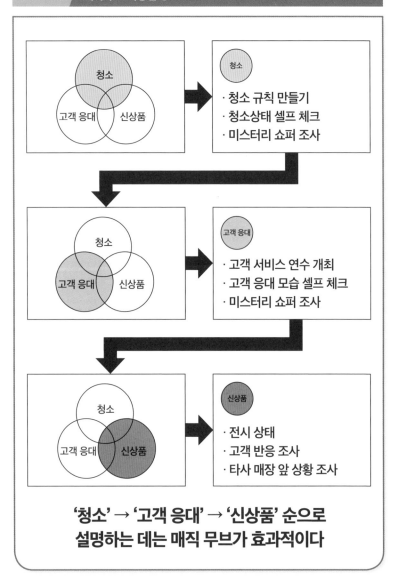

**'청소' → '고객 응대' → '신상품' 순으로**
**설명하는 데는 매직 무브가 효과적이다**

· 직관적 이해를 돕는 현장감 있는 사진만 활용하라.

· 일러스트의 사용은 자제하라.

· 사용할 사진의 화질이나 해상도를 체크하여 고해상도 사진을
  활용하라.

· 애니메이션 효과, 디졸브, 페이드, 매직 무브 효과를 적절히
  활용해 결재자의 시선을 끌어라.

# 5장

# 설득력 100%
# 보고서 필살기

모든 보고의 성패는 준비 자료에서 결정된다.

결재자의 시각으로 깐깐하게 슬라이드를 검토하고

예상 질문은 무엇인지 생각해보고 자료를 준비한다.

단, 자료는 자료일 뿐 보고서 슬라이드처럼

디자인을 하거나, 포인트를 줄 필요는 없다.

결재자의 유형별 특성에 맞춰 준비하는 것도 하나의 방법이다.

# 보고의 성패는
## 부록에서 갈린다

**26**

## 본문에서 생략한 요소는 부록으로 첨부하라

본문 슬라이드는 제안 내용의 핵심이 되는 논리를 심플하게 표현한 것이다. 곁가지에 해당하는 부분은 잘라내어 결재자가 한층 이해하기 쉽게 전달하는 것이 보고의 정석이다.

그리고 잘라낸 요소는 반드시 부록에 보관해야 한다. 본문 슬라이드에서는 제안하고자 하는 내용의 골자만 전달하기 때문에 결재자나 참가자 입장에서는 확인하고 싶은 점이나 보충 설명이 필요한 부분 등이 추가로 생기는 것은 당연하다. 이러한 의문 사항에 적절하게 대응하기 위해서 본문에서 잘라낸 데이터는 모두 부록 자료로 만들어 언제든지 볼 수 있도록 준비해둘 필요가 있다. 제안 내용의 검토 단계, 그리고 보고서 작성의 준비 단계에서 수집한 데이터 가운데 결재자가 질문을 던질 법한 내용은 전부 다 보관하자.

사실 보고서의 성패는 부록이 관건이라 해도 과언이 아니다.

결재 사인을 받지 못하는 원인 중 80%가 의사결정에 필요한 자료가 충분하지 않기 때문이다.

물론 애초에 본문 슬라이드가 이해하기 어려웠다거나 설득력이 없었다면 그 시점에서 바로 실격이다. 그런데 결재자가 본문 슬라이드에 대해 주의를 기울이고 관심을 가졌다고 해도 상세 부분에 대한 의문 사항이나 지적 공세에 대해 적절한 대답이 돌아오지 않으면 '근거가 부족하군.', 'OK 사인을 내리기에는 왠지 불안하군.' 하고 판단을 내려버린다. 이런 상황에서 결재자의 지적에 맞서 든든한 방패막이가 되어주는 것이 바로 부록이다. 부록을 만드는 데 만전을 다하는 일이 채택으로 이어지는 길이라는 사실을 잊지 말자.

## 부록은 최소 가공만 하면 된다

부록 슬라이드는 충실하게 만들되 본문 슬라이드처럼 가공하는 데까지 공들일 필요는 없다.

기본적으로는 가공 전의 원 데이터를 있는 그대로 가져다 붙이면 충분하다. 단, 부록 중에서도 중요도가 높고, 발표 후에 십중팔구

집중 토론이 벌어질 법한 슬라이드는 예외다. 단시간에 이해가 가
능하도록 미리 웬만큼 가공을 해두면 무난하게 통과할 수 있다. 그
런데 잘하고 싶은 마음에 모든 부록을 본문 슬라이드처럼 가공하려
든다면 몇 날 며칠 밤샘작업을 해도 시간이 턱없이 부족하다. 기본
적으로 원 데이터에 최소한의 텍스트를 덧붙이거나 색상 처리를 하
는 정도면 충분하다[도표 26-1].

　본문 슬라이드와 부록의 관계는 교과서와 참고서의 관계와 가깝
다 할 수 있다. 부록은 참고서이므로 자의적인 편집을 더하지 않은

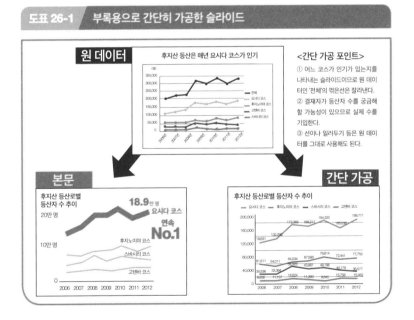

**도표 26-1**　부록용으로 간단히 가공한 슬라이드

원 데이터 상태가 자료집으로서 신빙성이 높아진다는 점을 기억하자. 부록을 가공하는 데 시간을 허비하기보다는 차라리 돌발 질문에 침착하게 대응할 수 있도록 갖가지 경우의 수에 대비하는 데 힘을 쏟는 것이 현명하다.

그리고 본문 슬라이드용으로 가공한 원 데이터 역시 고스란히 부록으로 넘겨야 한다. 예를 들면 '작년도부터 서비스 가입자가 2배로 늘었다'는 사실을 나타내기 위해 과거 5년간의 가입자 추이를 나타내는 데이터를 사내에서 준비하였는데, 그중 최근 2년간의 숫자만

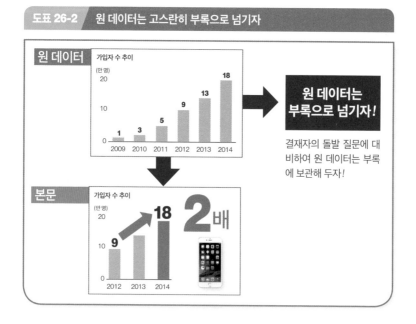

도표 26-2   원 데이터는 고스란히 부록으로 넘기자

원 데이터는 부록으로 넘기자!

결재자의 돌발 질문에 대비하여 원 데이터는 부록에 보관해 두자!

그래프로 만들었다고 치자. 제안 내용을 전달하기 위해서는 최근 2년간의 숫자만 본문 슬라이드에 넣으면 되지만 결재자가 과거 5년간의 추이가 보고 싶다는 말을 꺼낼 수도 있다. 이러한 돌발 상황에 대비해서 원 데이터인 과거 5년간의 데이터를 부록에 보관해두면 당황하지 않고 대응할 수 있다〔도표 26-2〕.

　본문 슬라이드는 한눈에 이해할 수 있도록 요점 이외의 요소는 철저하게 제외하고, 원 데이터는 언제든지 쉽게 꺼내 볼 수 있도록 차곡차곡 보관해두자.

# 예상 FAQ 작성으로
# 부록을 완벽하게 정리하라

**27**

## 결재자의 시각으로 슬라이드를 바라보자

앞서 이야기한 바와 같이 부록에는 본문 슬라이드에서 밀려난 데이터와 본문 슬라이드로 가공한 원 데이터를 넣는 것이 필수다. 그렇지만 이것은 최소한의 준비이며, 사실 본격적인 준비는 지금부터다.

부록의 역할은 다름 아닌 결재자의 의문에 대답하는 것이다. 그러므로 예상 가능한 질문, 의문사항에 똑똑히 대답할 수 있도록 만반의 준비를 해야 한다. 본문 슬라이드는 5~9장으로 완성해야 하지만, 부록은 분량 제한이 없다. 30장이든 100장이든 전혀 관계없다. 오히려 이 정도면 충분하고도 남지라는 절대적인 선이 없어 아무리 두툼하게 준비를 해도 안심할 수 없을 정도이다.

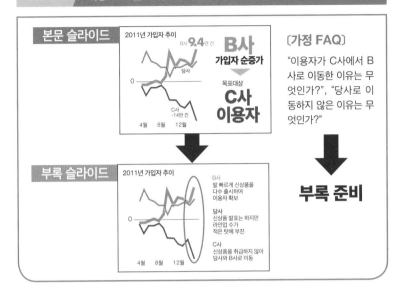

그렇다면 어떻게 해야 부록을 최대한 완벽에 가깝게 만들 수 있을까? 우선 본문 슬라이드를 의심해보고, 철저히 검증하자. '여기에 대해서 의문 사항이 나올지도 모른다', '이 부분과 관련된 상세 설명을 요구할지도 모른다' 등 나름대로 본문 슬라이드를 두고 결재자의 관점에서 조목조목 질문 공세를 퍼본다. 그리고 그 질문에 제대로 대답할 수 있도록 부록을 준비하는 이른바 '예상 FAQ' 만들기 방법이 효율적이다.

이때 가장 중요한 것은 반드시 결재자의 시각으로 본문 슬라이드

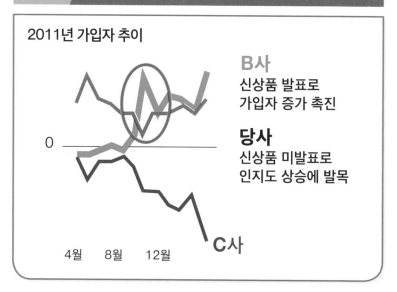

를 바라보는 것이다. 결재자는 자나 깨나 '어째서?'라는 의문을 가지고 슬라이드를 살펴보고, 이를 의식하면서 슬라이드를 상세하게 검증해나아가야 한다.

## 그래프의 이상 수치를 놓치지 말라

예를 들어 본문 슬라이드 중에서 (도표 27-1)과 같은 슬라이드가 있다고 하자. 자사와 경쟁사의 시장점유율의 추이를 보여주고, B사의 급증 요인은 다름 아닌 C사에서 이탈한 이용자를 흡수했기 때문이라는 점을 설명하고 있다.

여기서 예상할 수 있는 질문은 '어째서 당사는 C사의 고객을 유치하지 못하였는가? 어째서 B사만 고객을 유치할 수 있었는가?' 하는 것이다. 여기서 〔도표 27-1〕과 같은 부록을 준비하고 아울러 그 근거를 명시하지 못하면 결재자는 고개를 끄덕이지 않는다. 이 정도로는 충분하지 않다.

〔도표 27-1〕의 B사 꺾은선그래프를 잘 보자. 9월경에 이용자가 급증하고 있는 것을 확인할 수 있다. 아마 눈치 빠른 결재자라면 이 '이상 수치'를 놓치는 일은 없을 것이다. "9월에 B사가 급증한 이유는 무엇인가?"라는 질문에 대비해두어야 한다는 뜻이다〔도표 27-2〕. 만일 여기서 확실한 대답이 가능하다면 결재자는 '제법 심도 깊게 검토하고 발표에 임하고 있군.' 하고 신뢰하고, 안심하게 될 것이다.

한편 〔도표 27-3〕을 보자. 이는 휴대전화를 판매하고 있는 회사가 경쟁 회사보다 신규 계약의 비율이 낮음을 나타낸 본문 슬라이드다. 신규 계약을 늘리는 정책을 마련해야 함을 호소하고 있다.

여기서는 '과거 추이는 어떠한가?' 등과 같은 질문이 예상되므로 이에 대응하는 부록 ①을 준비한다. 만일 나라면 '비율이 아닌 실제 수로 보면 과연 어느 쪽이 많은가?' 하는 질문을 예상하여 부록 ②도

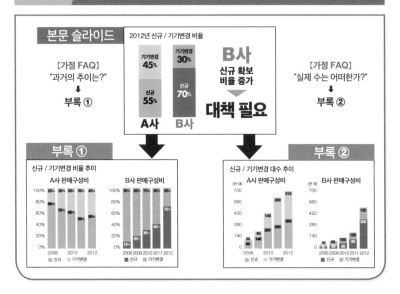

추가로 준비할 것이다. 이처럼 갖가지 질문을 예측하고 그에 대비하여 부록을 하나하나 만들어가는 것이 채택률을 높이는 정석이다.

물론 혼자서 하다 보면 누락 실수가 생기기 마련이다. 반드시 상사나 선배처럼 자신보다 경험이 풍부한 이에게 예상 질문에 대한 조언을 구하자. 필요한 부록을 총망라할 수 있으며 더불어 스스로도 보고에 대한 자신감이 샘솟는 것을 실감할 것이다. 자신감이 붙었다는 것은 곧 부록이 완성되었다는 신호다.

# 28

## 보고서는
## 3중 체크를 받아라

### 완성한 자료는 적어도 하루 정도 묵혔다 검토하라

보고서는 적어도 D-2, 즉 발표일 이틀 전까지는 반드시 완성시켜
야 한다.

제아무리 잘 만든 자료라도 조금 시간을 두고 다시 검토해보면
실수나 개선점이 눈에 뜨이게 마련이다. 이를 방치한 채로 실전에
임하면 미처 생각지도 못한 지적을 당하고 진땀을 흘려야 할 수도
있으므로 주의해야 한다.

실은 나도 과거에 부록에 들어갈 데이터가 한 줄 틀린 것을 간과
한 탓에 별 수 없이 다시 제안한 경험이 있다. '한 줄 실수같이 사소
한 것은 말로 수정하면 되지 않나?' 하는 생각은 절대 금물이다. 결
재자는 나름 비용(때로는 거액) 투자가 따르는 결단에 쫓기고 그야말

로 스스로 책임을 지는 사람들이다. 설령 아주 사소한 실수라 하더라도 그 보고에 대한 결재자의 신뢰는 땅에 떨어지고도 남는다. 이처럼 어처구니없는 사태를 초래하지 않기 위해서는 마지막까지 세심하게 주의하여 마무리를 지어야 한다.

상황이 불가피하다면 적어도 만 하루는 완성한 자료를 '묵혀두기'를 권한다. 자료를 만드는 과정에서는 똑같은 슬라이드와 데이터, 텍스트를 수십 번씩 접하는 것이 기본이다. 그 결과 자료가 눈에 익숙해지면서 기본적인 실수조차 알아채지 못하게 된다.

그리고 한창 자료를 만들 때에는 아무래도 만드는 사람의 시각으로 치우치게 마련이다. 아무리 의식적으로 결재자의 시각을 생각한들 '이것을 전달하고 싶다', '이렇게 보여주고 싶다'는 생각이 앞서가기 마련이므로 결재자 입장에서는 다소 이해하기 힘든 자료가 되기 쉽다.

그렇기 때문에 적어도 꼬박 하루 정도는 묵혀두기를 당부한다. 더도 말고 덜도 말고 하루 동안 해당 자료에서 벗어나 홀가분하게 지내는 정도면 족하다. 그리고 다음 날 그 자료를 처음 본다는 기분으로 다시 한 번 자료와 마주해보자. 아마 초보적인 실수가 눈에 들어오고 결재자의 시각으로 볼 때 이해하기 어려운 표현이 있음을 깨달을 것이다. 이를 전부 수정하고 완벽하게 마무리 지은 후에 실전에 임하는 것이 순서다.

## 키 메시지

- □ 13글자
- □ 글꼴
- □ 글자 크기
- □ 시그널 효과(긍정적 푸른색, 부정적 붉은색)
- □ 같은 단어가 중복되지 않았는가?
- □ 잘못된 수치는 없는가?

## 그래프

- □ 10초 만에 이해가 가능한가?
- □ 숫자의 착오는 없는가?
- □ 좌측 그래프, 우측 키 메시지
- □ 가장 이해해주기를 바라는 숫자의 크기
- □ 강조하고 싶은 부분의 막대그래프 색깔
- □ 강조하고 싶은 꺾은선의 굵기
- □ 비주얼은 적절한가?

## 흐름

- □ 과제→현상→제안→효과의 흐름인가?
- □ 1분 버전도 준비했는가?
- □ 그래프와 메시지에 모순은 없는가?
- □ 판단재료가 슬라이드 안에 담겨 있는가?
- □ 제안 가능한 B안은 없는가?

## 부록

- □ 판단자료
  - □ 본문 슬라이드의 상세 데이터
  - □ 기타 각종 데이터
  - □ 과거 유사 데이터
  - □ 타사 데이터
  - □ 해외 사례
  - □ 예산의 타당성
  - □ 예측의 타당성
  - □ 수요 데이터
  - □ 설문조사 데이터
  - □ 최신 동향
- □ FAQ

〔도표 28-1〕은 검토할 때 체크해야 할 요소를 정리한 것이니 참고하기 바란다. 숫자 체크, 잘못된 수치, 키 메시지가 13자를 초과하지 않는가? 한 슬라이드 내에서 같은 단어가 중복되지는 않는가? 등 하나하나 모든 항목을 신경 써서 체크하자.

## 반드시 보고서를 시뮬레이션해보자

묵힌 보고서를 체크할 때 2가지 주의사항이 있다.

첫째, 반드시 보고서를 시뮬레이션해보고 확인해야 한다.

때로 컴퓨터 화면으로만 체크하고 끝내는 사람이 있는데, 사실 결재자가 보고서를 보는 도구는 컴퓨터 모니터가 아닌 스크린이다. 결재자와 같은 상황에서 보고서를 직접 체크하면서 눈으로 보아야 미처 못 보고 넘기는 실수를 미연에 예방할 수 있다. 이 점을 각별히 주의하자.

시뮬레이션은 실제로 회의가 진행되는 장소에서 해보는 것이 가장 좋다. 가능하면 결재자가 앉는 의자에 직접 앉아 슬라이드를 체크하자. 만일 불가능하다면 빈 회의실이라도 상관없다. 이 경우에는 보고서와 결재자의 위치를 최대한 실제 회의실과 비슷하게 배치하면 된다.

막상 해보면 적당한 크기로 표시될 거라 생각했던 키 메시지가 의외로 작아 보일 수도 있고, 그래프가 생각보다 복잡하게 보일 수도 있다.

그리고 실제로 슬라이드를 조작하면서 실전에서 말하듯이 연습도 해보자. 슬라이드를 넘겨가면서 직접 멘트를 해보면 '이 텍스트는 말로 충분히 커버할 수 있으니 삭제해도 좋겠다', '이 애니메이션은 어째 좀 답답한데?' 하고 여러모로 깨닫는 바가 있게 마련이다.

물론 시간 측정도 필수다. 가능하면 3분, 길어도 5분 안에 끝나는지를 체크하자. 길다 싶으면 사족을 하나씩 삭제한다. 거듭 반복하면서 연습하는 사이에 슬라이드의 움직임과 멘트가 한데 어우러져 자연스럽게 물 흐르듯이 이해하기 쉬운 보고를 할 수 있게 된다.

## 3중 체크를 통해 지원군을 늘리자

둘째, 반드시 제3자에게 확인을 받아야 한다.

아무래도 혼자서만 체크하다 보면 맹점이 있을 수 있으니 반드시 다른 제3자의 눈으로 체크하자. 제3자의 관점은 결재자의 시각에 더욱 가까우므로 슬라이드의 문제점이 한결 명확하게 볼 수 있다.

적어도 자신을 포함해서 3명이 체크, 즉 3중 체크를 받기를 권한다.

특히 상사나 선배의 조언은 필수다. 자잘한 숫자 체크 같은 것은 물론 '10초 안에 제대로 이해할 수 있는 그래프인가?', '그래프에서 도출된 결론에 무리가 없는가?'와 같이 요긴한 지적을 해주기 때문이다. 간혹 미처 생각지도 못한 지적을 받을지도 모른다.

당신보다 업무 경험도 훨씬 풍부할 뿐더러 결재자가 슬라이드의 어느 부분에 신경을 쓸지 등도 손바닥 들여다보듯 훤히 알고 있기에 가능한 일이다. 제3자의 지혜를 활용해 보자.

아울러 타부서 직원에게 조언을 구하는 것도 중요하다. 예를 들어 숫자에 대해서는 관리 회계 부문의 직원에게 확인을 부탁하면 된다.

참고로 자료 작성에 들어가기 전에 타부서와 브레인스토밍을 하고, 완성 단계에서 한 번 더 체크해준다는 협조 승인을 미리 받아두면 발표 시에도 든든한 지원군이 되어줄 것이다. 그런 의미에서 채택률을 높이기 위해서라도 3중 체크 과정은 더없이 중요하다.

# 결재자의 특성에 맞추어 슬라이드를 수정하라

## 결재자의 유형에 맞는 보고서 작성하기

보고서를 마무리하는 단계에서 한 가지 더 중요한 것이 있다.

바로 '결재자가 어떤 유형의 사람인가?'를 다시금 확인하는 것이다.

수학에 강하고 논리적인 유형의 사람인가? 아니면 새로운 것을 좋아하고 사물을 감각적으로 파악하는 성향의 사람인가?

결재자가 어떤 유형인지에 따라 자료를 보고하는 방식을 달리할 필요가 있다.

고로 마무리 단계에서 결재자의 특성에 맞춰 한 번 더 슬라이드를 수정해야 한다. 그렇다고 보고서의 스토리를 바꾸는 대대적인 수정을 할 필요는 없다. 예를 들어 숫자에 강한 결재자라면 부록에 넣은 상세 그래프를 본문 슬라이드에서 보여주고, 감성을 중시하는 결재자라면 보다 임팩트 있는 키 메시지를 재고하는 식으로 이른바 결재자별 맞춤식 부분 변경을 하는 것이다.

　이때 참고할 만한 것이 헤르만 모델이다. 헤르만 모델이란 GE의 능력개발센터 소장이었던 네드 헤르만(Ned Herrman)이 대뇌 생리학 연구 성과를 기반으로 개발한 '인간의 사고행동 특성의 모델'이다. 쉽게 말해 인간은 왼손잡이와 오른손잡이가 있듯이 눈도 사용하기 편한 쪽이 있다. 마찬가지로 뇌에도 일명 '우위 뇌'가 있는데 〔도표 29-1〕과 같이 사고행동 특성은 크게 이론형, 관리형, 독창형,

---

**도표 29-1　헤르만 모델의 4가지 유형**

| 이론형 | 관리형 |
|:---:|:---:|
| **Type** | |
| 독창형 | 감정형 |

감정형 이렇게 4가지로 분류할 수 있다.

나 역시 나는 결재자의 유형을 헤르만 모델에 맞추어보고 그 특성을 명확하게 파악해왔다. 물론 인간이란 그리 단순하지 않기에 '이 사람은 이 유형이다' 하고 딱 잘라 분류할 수는 없다. 관리형이면서도 이론적인 사람도 있고, 독창적이지만 이론적인 사람도 있다. 따라서 '이 사람은 이 유형의 경향이 강하다'는 식으로 어디까지나 대중을 삼아 활용하자는 취지다. 그저 막연하게 결재자의 특성을 판단하기보다는 슬라이드를 어떤 식으로 수정 보완할 것인가를 한층 분명하게 판단할 수 있어 참고할 만하다.

## 4가지 결재자 유형별 보고 방식

나의 상사는 헤르만 모델의 어느 유형에 해당될까?

올바르게 판단하기 위해서는 평소 결재자를 잘 관찰하는 것이 좋다. 헤르만 모델 가운데 '어느 유형의 경향이 강한가?' 하는 틀에서 관찰하면 점점 그 사람의 특성이 보이기 시작한다.

또는 결재자에 대해 전부터 알고 있는 상사나 선배의 이야기를 참고하는 것도 좋은 방법이다. 사실 내가 자주 참고하는 것은 결재자의 경력이다. 인간의 사고행동 특성은 그 사람이 경험해온 업무와 부서, 현재 소속되어 있는 부서에 따라 특징지어지는 경향이 있기 때문이다. 물론 꼭 들어맞는 것은 아니지만 하나의 기준으로 삼을 만하다.

다음은 4가지 유형별 결재자의 특성, 해당 경향이 강한 부서, 슬라이드 체크 포인트다. 모쪼록 참고하여 슬라이드가 반짝반짝 윤이 나도록 다듬고 손질하기를 바란다.

### '이론형' 결재자

경영기획, 관리회계, 마케팅, 기술, 시스템 등의 부문에서 경력을 쌓아온 결재자의 대부분이 논리형에 속한다.

이 유형의 결재자는 '마무리는 좀 어설퍼도 흥미로운 제안이다' 하는 이유로 OK 사인을 내리는 일은 거의 없다. 논리를 완벽하게 납득하지 못하면 인정해주지도 않는다. 따라서 보고의 논리가 시종일관한지, 설득력이 있는지를 꼼꼼하게 체크해야 한다.

부록에 누락 실수가 없는지도 중요하다. 보고서는 5~9장이 원칙이므로 논리의 큰 뼈대밖에 표현할 수 없다. 이로 말미암아 이론형 결재자는 논리의 허점을 메우기 위해서 다양한 각도에서 조목조목 지적 공세를 편다. 여기에 적절하게 대응하지 못하면 결과는 보나마나 반려다. 이 유형의 결재자는 경우에 따라 부록에 넣은 상세 그래프를 본문으로 끌어오는 것이 긍정적인 영향을 끼치기도 한다.

복잡한 그래프이기에 다소 보기 어렵다고 판단하였을지 모르지만, 이론형은 숫자에 강하므로 어렵지 않게 읽고 파악하는 경우도 있다. 이런 유형의 결재자라면 차라리 애초에 상세 그래프를 보여주는 편이 발표를 무난하게 마치는 요령이다.

또한 데이터 등의 객관적인 사실을 중시하는 이 유형에게 숫자 착오는 두말할 것도 없이 실격이다. 그 자체만으로도 반려당하니 숫자는 몇 번이고 다시 체크해야 한다.

### '관리형' 결재자

관리형은 고객 서비스나 고객센터 등 고객대응 부문, 기술·시스템 부문의 경력자에게 많은 유형이다.

이 유형은 계획성과 실현 가능성, 프로세스를 중시하는 경향이 있다. 따라서 아무리 제안 자체가 논리적이고 설득력이 있다한들 현장에서의 운용이나 일정에 현실성이 있다는 것을 확실히 납득하지 못하면 OK 사인을 내리는 데 인색하다.

그러므로 현장에서 실시한 시뮬레이션 결과를 본문 슬라이드에 넣어 실현 가능성은 이미 검증된 상태라는 사실을 어필하는 것도 좋은 방법이다. 아니면 타부서의 사업과 겸임하는 방안을 고려한 후 현실에 맞게 일정을 짜서 한눈에 알 수 있도록 슬라이드를 수정하는 것도 좋은 방법이다(도표 29-2).

특히 관리형은 프로세스를 중시하므로 보고 자체도 '지금 무엇을 이야기하고 있는가?'를 쉽게 이해할 수 있어야 한다. 따라서 슬라이드와 슬라이드 사이에 '다음 화제는 이것입니다.'라고 명시하는 브리지 슬라이드를 신경 써서 만들어 삽입하는 것이 좋다.

### '독창형' 결재자

독창형은 주로 광고, 디자인, 영업 등의 부문에서 업무 경력을 가진 결재자가 많다.

| 도표 29-2 | 회사 전체 일정이 작성된 일정 슬라이드 |

**일정**

| 행동 | 시기 | 금일 | 1일 | 2일 | 3일 | 4일 | 5일 | 6일 | 2주째 | 3주째 |
|---|---|---|---|---|---|---|---|---|---|---|
| 시책개요 확정 | ○월 X일 | 확정 | | | | | | | | |
| 준비 | △월 X일~△월 □일 | | | 계약 | | | | | | |
| | △월 X일~△월 □일 | | | 디스플레이 준비 | | | | | | |
| | △월 X일~△월 □일 | | | | 운용 체크 | | | 예행 | | |
| 시책 실시 | △월 X일~△월 □일 | | | | | | | | 실시 | |
| 효과 검증 | △월 ◉일 | | | | | | | | | 계약 |

**회사 전체 일정** ⟵ —— 회사 전체 일정도 슬라이드에 넣자!

| 행동 | 시기 | 금일 | 1일 | 2일 | 3일 | 4일 | 5일 | 6일 | 2주째 | 3주째 |
|---|---|---|---|---|---|---|---|---|---|---|
| 시책개요 확정 | ○월 X일 | | | | | | | | | |
| 시책 실시 | △월 X일~△월 □일 | | | | | | | | | |
| 효과 검증 | △월 ◉일 | | | | | | | | | |

이 유형은 혁신적이고 새로운 제안을 좋아하는 경향이 있으므로 이에 해당하는 제안이라면 업계 최초, 사내 최초처럼 처음을 강조하는 것이 효과적이다. 물론 처음이라는 사실을 나타내는 부록을 준비하는 것도 잊지 말자.

그렇다고 해서 논리를 경시하지는 않으나 그 이상으로 비주얼이나 스토리를 중시하는 경향이 있다. 그러니 데이터는 필요한 정도만 최소로 준비하자. 그리고 제안하는 사업에 깃든 생각이나 제안을 실시하였을 때 창출되는 가치 등을 비주얼을 이용하여 슬라이드로 표현하는 것이 훨씬 효과적인 경우도 있다.

이 유형은 사물을 파악하는 방식에도 특징이 있다. 나무를 보고 숲을 이해하는 방식이 아닌 일단 '요컨대 어떤 것인가?' 하고 먼저 전체를 대강 파악하고 싶어 하는 욕구가 강하다. 보고서 역시 이러한 특성을 감안하여 의식적으로 수정해야 한다.

가령 이해를 돕기 위해 첫머리에 보고의 전체 흐름을 파악할 수 있는 브리지 슬라이드를 준비하면 어떨까? 먼저 전체적인 이미지를 결재자와 함께 공유한 후, 본격적으로 상세 설명에 들어가는 것이 좋다.

### '감정형' 결재자

영업 경험자에게 많은 유형이 바로 감정형이다.

이 유형은 인간관계나 타부서와의 관계를 중시하는 경향이 있다.

따라서 제안 내용의 옳고 그름도 물론 중요하지만, 그에 못지않게 '관련 부서의 승인을 확실하게 얻었는가? 사전 협의가 이루어진 상태인가? 반대하는 사람은 없는가?'에 신경을 쓴다.

이 경우에는 슬라이드를 어떻게 수정할지 검토하기보다는 타부서와 충분히 합의를 한 상태라는 사실을 서두에서 강조하는 것이 좋은 방법이다. 또는 상부에서 확실하게 보증하고 있다는 사실을 자연스레 어필하는 방법도 효과가 있다. 기획 단계, 보고서 작성 단계 등 그때그때 관련 부서의 중심인물이나 상사와 충분히 커뮤니케이션을 취하는 것이 중요하다.

지금까지 4가지 헤르만 모델에 대하여 살펴보았다.

대기업의 사내 보고는 통상 과장, 부장, 임원, 경영자 등 단계별로 다른 결재자를 상대로 발표를 한다. 과장은 감정형, 부장은 독창형, 임원은 이론형 등 저마다 헤르만 모델이 다르기 마련이므로 조금 성가시더라도 그때마다 슬라이드를 수정할 필요가 있다. 일반적으로 윗선으로 올라갈수록 이론형이 많으므로 차례차례 부록을 보강함과 동시에 본문의 논리를 강화하는 데 힘쓰자.

여기서 소개한 내용은 어디까지나 하나의 기준이므로 참고는 하되 스스로 시행착오를 거치면서 결재자의 특성에 맞는 나만의 슬라이드 만들어야 한다.

# 1분 버전도
# 미리미리 준비하라

# 30

## 1분 버전은 3단계만 기억하자

　계속해서 강조한 대로 보고서는 5~9장으로 정리하여 3~5분 내에 끝내는 것이 기본이다. 따라서 우선 슬라이드를 5~9장 분량으로 완성해야 하는데, 여기서 작업을 끝내고 손을 놓으면 곤란하다. 꼭 1분 버전을 미리 준비해야 한다.

　회의에서는 언제 무슨 일이 일어날지 모른다. 결재자에게 피치 못할 사정이 생겨 도중에 회의장을 빠져나와야 하는 경우도 종종 있지 않은가? 혹은 먼저 발표한 보고서로 인해 토론이 격렬해지는 통에 시간이 지체돼 당신이 쓸 수 있는 시간이 그만큼 단축되는 일도 있다. 졸지에 '시간 없으니까 간략하게 하도록' 하고 지시가 떨어지더라도 침착하게 대응할 수 있도록 만반의 준비를 해야 한다.

그러면 어떻게 해야 준비한 보고를 1분으로 압축할 수 있을까?

자료를 5~9장으로 만드는 과정에서 보고서의 논리는 이미 큰 뼈대가 갖추어졌을 것이다. 그런데 이를 더욱더 압축해서 간소화하는 것이 어디 그리 쉬운 일인가?

하지만 방법은 있다. 바로 보고서의 스토리를 뒤집어엎는 것이다.

〔도표 30-1〕의 3~5분 스토리를 보자. 앞서 설명한 보고의 스토리다. '과제(어떤 과제가 있는가?) → 원인(이 과제가 발생한 원인은 무엇

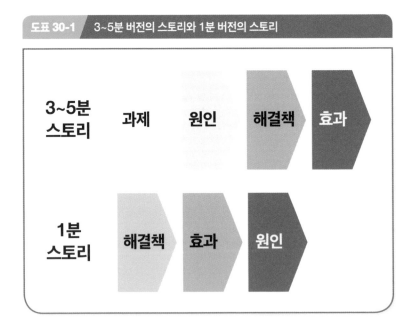

**도표 30-1** 　3~5분 버전의 스토리와 1분 버전의 스토리

| 3~5분<br>스토리 | 과제 | 원인 | 해결책 | 효과 |

| 1분<br>스토리 | 해결책 | 효과 | 원인 |

인가?) → 해결책(그 원인을 해소하는 구체적인 제안) → 효과(제안 내용을 실시할 경우 효과 예측)'의 순으로 슬라이드를 나열하였다. 이는 논리가 순차적으로 전개되기 때문에 이해할 수 있는 쉬운 스토리다. 그런데 4단계 스토리를 1분 안에 전개하기란 쉽지 않다.

방법은 〔도표 30-1〕의 1분 스토리로 다시 나열하는 것이다.

우선 맨 앞에 해결책과 효과를 포함한 개요를 표시한다. 그리고 제안의 근거가 되는 원인을 설명하는 것이다. 다시 말해 스토리를 완전히 뒤집어엎어서 해결책을 제안하는 것부터 시작해서 그 근거와 실행 계획만 보여주는 것이다. 이렇게 한다면 1분 안에 발표를 마칠 수 있다.

물론 1분 버전으로는 아무래도 설명이 부족하므로 그만큼 질문이 쏟아지는 부분도 늘지만, 겁먹을 필요는 없다. 어쨌든 결재자의 머리에 꼭 주입해야 하는 포인트만 온전히 전달하면 설득력을 높일 수 있다.


## 현상 보고는 최소한으로 줄이자

구체적인 경우를 예로 들어 1분 버전을 만들어보자.

앞서 등장한 '방문객 수가 감소한 소매기업'의 경우를 생각해보

자. 우선 [도표 5-3]에 있는 3~5분 버전과 비교해보자.

3~5분 버전에서는 '매장 방문객 수 감소'라는 과제의 원인이 '고객 서비스 불만'이라는 사실을 제시하였다. 그리고 원인을 해결하기 위하여 '점장 대상의 고객 서비스 연수'를 제안한 다음, 그 효과를 나타낸 보고서를 만들었다.

한편 1분 버전에서는 [도표 30-2]와 같이 우선 처음에 '점장 대상의 고객 연수'를 제안한다(그 효과를 포함한 개요도 설명). 그리고 그 근거로 '매장 방문객 수 감소'의 원인이 '고객 서비스 불만'에 있다는 사실을 제시한다(원인 슬라이드만 표시하고, 과제에 대해서는 구두로 설명). 마지막으로 일정을 보여주고 결재자에게 판단을 청하는 것이다. 이렇게 하면 1분 내에 발표를 마칠 수 있다.

1분 버전에서 중요한 것은 현상 보고(과제+원인)를 최대한 줄이는 일이다. 사내 보고이므로 결재자는 문제점을 이미 뼛속까지 파악하고 있는 경우가 많다. 과제에 대해서는 구두로 간단하게 전달해도 충분하다는 뜻이다. 그러므로 현상 보고 가운데 과제를 잘라내는 것을 검토하는 것이 우선 필요하다.

이처럼 거의 대부분의 경우 3~5분 버전으로 사용한 슬라이드를

**도표 30-2** 1분 버전의 슬라이드 이미지

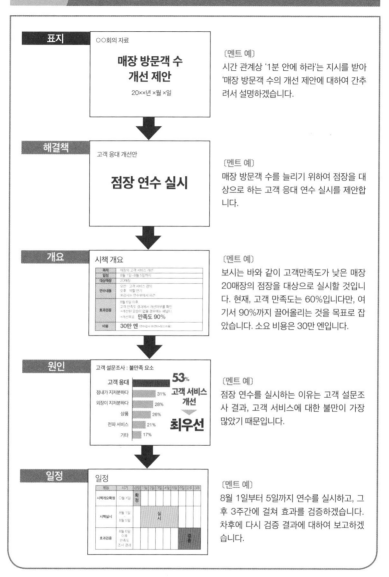

**표지**

○○회의 자료

# 매장 방문객 수 개선 제안

20××년 ×월 ×일

〔멘트 예〕
시간 관계상 '1분 안에 하라'는 지시를 받아 '매장 방문객 수의 개선 제안'에 대하여 간추려서 설명하겠습니다.

**해결책**

고객 응대 개선안

# 점장 연수 실시

〔멘트 예〕
매장 방문객 수를 늘리기 위하여 점장을 대상으로 하는 고객 응대 연수 실시를 제안합니다.

**개요**

시책 개요

| | |
|---|---|
| 목적 | 매장의 고객 서비스 개선 |
| 일정 | 8월 1일~8월 5일까지 |
| 대상매장 | 20개점 |
| 연수내용 | 오전 고객 서비스 강의 / 오후 예절 연습 / 보고서는 연수부에서 작성 |
| 효과검증 | 8월 6일 이후 고객 만족도 앙케트로 개선여부를 확인 →개선된 모습이 없을 경우 재실시 →개선되면 **만족도 90%** |
| 비용 | **30만 엔** (강사료 및 회장비+교통비) |

〔멘트 예〕
보시는 바와 같이 고객만족도가 낮은 매장 20매장의 점장을 대상으로 실시할 것입니다. 현재, 고객 만족도는 60%입니다만, 여기서 90%까지 끌어올리는 것을 목표로 잡았습니다. 소요 비용은 30만 엔입니다.

**원인**

고객 설문조사 : 불만족 요소

| | |
|---|---|
| 고객 응대 | **53%** |
| 점내가 지저분하다 | 31% |
| 외장이 지저분하다 | 28% |
| 상품 | 26% |
| 전파 서비스 | 21% |
| 기타 | 17% |

**고객 서비스 개선 → 최우선**

〔멘트 예〕
점장 연수를 실시하는 이유는 고객 설문조사 결과, 고객 서비스에 대한 불만이 가장 많았기 때문입니다.

**일정**

일정

| 항목 \ 시기 | 6월 말 | 7월 | 2주 | 3주 | 4주 | 5주 | 6주 | 1주 | 2주 |
|---|---|---|---|---|---|---|---|---|---|
| 시책개요확정 | 6월 ×일 확정 | | | | | | | | |
| 시책실시 | | 8월 1일 8월 5일 | 실시 | | | | | | |
| 효과검증 | | | 8월 6일 이후 만족도 조사 결과 | | | | | 검증 | |

〔멘트 예〕
8월 1일부터 5일까지 연수를 실시하고, 그 후 3주간에 걸쳐 효과를 검증하겠습니다. 차후에 다시 검증 결과에 대하여 보고하겠습니다.

다시 나열하는 것만으로도 1분 버전이 완성된다. 생각만큼 수고스럽지 않으니 어떠한 상황에서든 대응할 수 있도록 1분 버전은 필수적으로 준비하는 것이 현명하다.

## KEY POINT

· 본문 슬라이드에 담을 수 없었던 자료는 부록으로 준비한다.

· 보고서는 보고 하루 전에는 완성해 제 3자에게 감수를 받는다.

· 완성된 보고서는 시뮬레이션해보고 보완하라.

· 보고서는 기본이 되는 3분 버전, 순서를 압축한 1분 버전을 따로 준비하라.

# 6장

# 실전 보고 핵심 가이드

보고서 준비가 끝났다면 보고 연습을 열심히 해보자.
연습은 보고시 일어날 수 있는 위급한 상황들을
센스 있게 대처할 수 있도록 한다.
또 시선 처리는 어떻게 할지
대답은 어떻게 하는 것이 좋을지 준비하는 것도 중요하다.
무리수를 두어 거짓말을 하거나
솔직하지 못한 변명은 어디에서도 통하지 않는다.

# 31

## 보고서를 완벽하게
## 숙지하고 보고하라

### 보고 멘트 연습은 최소 20번

지금까지 설명한 보고서 만들기의 포인트를 숙지하면 완벽한 보고서를 완성할 수 있다.

이제 보고 실전에서 이야기할 멘트만 남았다.

아무래도 보고 전에는 '망치지 않고 잘 해낼 수 있을까?' 하고 걱정이 앞서기 마련이다.

그러나 안심해도 된다. 보고는 보고서가 90%이다. 완벽한 보고서만 손에 쥐면 이제 이를 길잡이로 삼아 평소처럼 말만 하면 된다. 보고서에 자신이 있으면 멘트에도 자신감이 붙고 어깨에 절로 힘이 들어간다. 그런 의미로 본다면 보고서가 100%라고 말해도 과언이 아니다.

혹 말주변이 없고 발표 울렁증이 있어 걱정이 태산인가? 누구에게나 자신만의 특유한 스타일이 있듯이 자연스럽게 나다운 자세나 태도로 보고에 임하는 것이 시선을 끄는 보고의 비법이다. 조금 더 듬거리면 어떤가, 그동안 거듭 깊이 생각해온 바에 대해 평소처럼 이야기하면 충분하다. 어설프게 스티브 잡스나 TED의 화법을 흉내 냈다가는 오히려 신뢰도만 떨어진다.

단, 리허설은 열심히 공을 들여서 해야 한다.

보고는 주어진 시간이 불과 3~5분이다. 이 짧은 시간 동안 단숨에 거침없이 이야기하는 것이 중요하다. 막힘없이 술술 말하기 위해서는 적어도 20번은 연습해야 한다. 아니 익숙해질 때까지 100번이든 200번이든 반복해서 연습하자. 물론 보고서를 실제 장소에서 시연하면서 연습하는 것이 가장 좋다. 슬라이드의 흐름에 따라 완벽하게 이야기할 수 있을 때까지 연습을 게을리하지 말자.

## 연습 중에 찾은 사소한 문제를 간과하지 말라

연습 중에 느껴지는 사소한 위화감을 간과해서는 안 된다.

이야기의 줄거리가 논리적이지 않은 부분이나 스스로도 납득이

가지 않는 부분에서는 신기하게도 말문이 막힌다. 그리고 보고서 상에서 시선의 유도가 뜻대로 잘 되지 않을 때에는 정작 보고하는 사람조차도 어디서부터 어떻게 이야기를 해야 할지 몰라 우왕좌왕하기 십상이다.

이처럼 사소한 위화감이 들었다면 그때마다 슬라이드를 수정하면서 다듬을 필요가 있다. 물론 멘트도 그에 맞게 수정해야 한다.

이 과정을 반복하다 보면 점점 슬라이드와 멘트가 한데 어우러져 하모니를 이룬다.

이제야 비로소 결재자의 입장에서 볼 때에도 이해하기 쉬운 보고로 거듭나는 셈이다. 더불어 3~5분 버전과 1분 버전, 각각 시간을 재면서 연습하고, 시간이 부족하면 멘트의 어느 부분을 줄이면 좋을지 생각해보자. 혹 본문 슬라이드의 일부를 부록으로 넘겨야 하는 일이 생길 수도 있다. 정해진 시간 내에 보고를 마칠 수 있을 때까지 줄기차게 내용을 조정하자.

그리고 '이 정도면 완벽하다.'라는 생각이 든다면 실제로 누군가에게 보여주고 피드백을 구하는 것도 좋다. 여기서 중요한 것은 서슴없이 자신의 의견을 시원하고 솔직하게 말해주는 사람을 고르는 것이다. 간혹 마음이 여린 사람은 따가운 지적에 상처받을 수도 있으나 좋은 약은 입에 쓴 법이니 자신의 발전을 위해 마음을 굳게 먹고 감내하자. 만일 누군가에게 보여줄 시간이 없다면 리허설 장면을 동영상으로 촬영하여 스스로 체크하는 것도 방법이다.

아무래도 아직 익숙하지 않은 상태에서는 마지막 마무리를 하는 데도 시간이 걸릴 것이다. 그러나 거듭 반복하며 노력하는 사이 경험과 땀방울은 나만의 양분이 된다.

# 32

## 보고시 연출과 시선 처리를 주의하라

### 말하는 도중 뜸 들이지 말자

보고가 시작되면 평소와 마찬가지로 침착하게 이야기하면 된다.

연습을 거듭한 끝에 몸에 밴 멘트를 이어가다 보면 사실 그것만으로도 결재자는 경청하게 되므로 괜한 연출은 필요 없다.

간혹 키 메시지를 말하기 직전에 잠시 뜸을 들이는 사람이 종종 눈에 띈다. 확실히 불특정 다수의 마음을 움직일 필요가 있는 보고라면 그러한 작은 연출이 제법 효과적인 것은 사실이다.

그러나 보고에서는 뜸을 들이는 연출보다는 제안 내용의 논리를 매끄럽게 전달하는 일이 더욱더 중요하다. 결재자는 대개 한시라도 빨리 제안 내용을 듣고 난 후, 의사결정을 내리고 싶은 마음이 굴뚝같은 사람이다. 공연한 연출은 십중팔구 결재자의 신경을 곤두세우는 헛수고일 뿐이다.

한눈팔지 말고 보고의 결승점까지 리듬을 타면서 힘차게 달리는데 집중하자.

## 결재자만 똑바로 쳐다보자

그러면 보고할 때 시선 처리는 어떻게 해야 할까?

우선 결재자만 보는 데 유의하자. 물론 슬라이드를 설명할 때에는 스크린으로 눈을 돌릴 필요가 있기는 하지만, 그 외에는 기본적으로 결재자에게서 시선을 돌리지 않고 이야기해야 한다.

가끔 스크린이나 가까이에 있는 컴퓨터 화면에 시선을 고정한 채 보고를 하는 사람이 있는데, 이러면 자신감이 없어 보인다. 제아무리 슬라이드의 내용이 훌륭해도 시선 처리 하나에 '이 제안은 왠지 잘 안 될 거 같은데?' 하는 불안하고 의심스러운 인상을 심어주게 된다.

한편 결재자뿐만 아니라 참가자 전원에게 저마다 눈짓을 하면서 이야기하는 사람이 있는데, 이 또한 금물이다. 불특정 다수를 상대로 보고를 할 때에는 최대한 많은 사람에게 직접 말을 걸듯이 이야기하는 것이 공감을 이끌어내는 데 더 효과적이다. 그렇지만 사내 보고는 어디까지나 결재자 입에서 OK 사인이 떨어지는 것이 목적이다. 그렇다면 마땅히 가장 중요한 인물인 결재자와 눈을 맞추며 이야기하는 것이 좋지 않을까?

## 결재자의 왼쪽 눈을 보고 이야기하라

아울러 발표할 때에는 결재자의 '왼쪽 눈'을 보면서 이야기하는 것이 좋다.

그래프는 좌측, 텍스트는 우측의 원칙을 기억하는가? 왼쪽 눈에서부터 들어오는 정보는 비주얼 처리가 주특기인 우뇌로 보내지므로 그래프는 슬라이드의 좌측에 배치하는 방식이다.

같은 맥락으로 어깨를 쭉 펴고 결재자의 왼쪽 눈을 똑바로 쳐다보면서 자신에 찬 표정으로 이야기하면, 자신만만한 모습이 결재자의 우뇌로 보내질 것이다. 그러면 결재자는 '이 제안에 아주 자신감이 넘치는군!' 하고 채택하게 된다.

사실 결재자의 눈을 똑바로 바라보는 일이 어지간히 긴장될 법하지만, 왼쪽 눈만 본다면 심리적인 저항이 그나마 적게 느껴지는 효과가 있다. 나 역시 손정의 회장 앞에서 발표를 할 때에는 그가 내뿜는 카리스마에 곧잘 눌려버렸지만, 그럼에도 왼쪽 눈만큼은 똑바로 쳐다보자 마음먹으니 의외로 이야기를 잘할 수 있었고, 그 결과 OK 사인을 받을 수 있었다.

결재자의 왼쪽 눈만 보자! 당신도 직접 실천해보면 분명 그 효과를 몸소 느낄 수 있을 것이다.

# 누가 질문하든
## 결재자를 향해 대답하라

# 33

## 침묵을 두려워하지 말고, 묻는 말에만 대답하자

자, 이제 보고가 끝나면 다음은 결재자를 비롯한 참가자들의 질문을 기다리는 시간이다. 이때 당황하거나 허둥대지 말자.

종종 참가자 전원이 심사숙고하는 가운데 회의실이 정적에 휩싸이는 경우가 있는데, 사실 보고자로서는 긴장되는 순간이 아닐 수 없다. 그렇다고 이때 침묵을 깨고 아무도 요청하지 않은 보충 설명을 시작하는 것은 좋지 않다.

공연히 정적을 메우고자 묻지도 않은 것을 섣불리 입 밖에 내면, 결재자 눈에는 제안 내용에 자신이 없고 겁이라도 먹은 듯이 보일 따름이다.

게다가 한 술 더 떠 엉겁결에 한 말로 인하여 생각지도 못한 지적을 받을 수도 있다.

보고할 때 당신은 가장 중요한 제안의 핵심사항을 전달하였을 것이다. 그리고 무슨 질문이 날아들어도 충분히 대응하고도 남을 만큼 부록에도 만반의 준비를 다하지 않았는가? 이제 부록이라는 든든한 방패를 들고 가만히 질문을 기다릴 차례다.

'묻는 말에만 똑똑히 대답한다.'

'아무런 질문이 없으면 잠자코 기다린다.'

이것이 바로 발표 후 토론에 임하는 정석이다.

그런데 만일 언제까지고 침묵이 이어진다면 어떻게 해야 할까?

잠시 기다리고 반응이 없을 때에는 "그럼, 이견이 없다고 받아들여도 괜찮겠습니까?"라고 당당히 물어보면 된다.

보통은 의문점이나 반대 의견이 있으면 참가자 쪽에서 먼저 표명하지 않는가.

여러분은 확신을 가지고 제안하였으므로 무반응은 긍정적으로 해석해도 좋다. 그리고 "모두 합의하시는 것이지요?" 하고 자신감 있게 밀고 나가면 시원스럽게 OK 사인이 떨어지기도 한다.

## 가장 중요한 인물에게 집중하자

사실 실전에서는 "이견이 없다고 받아들여도 괜찮겠습니까?"라는 발언을 발단으로 질문이 쏟아지는 경우가 대부분이다. 그제야 비로소 본격적인 토론이 시작되는 셈이다.

이때 당황하면 안 된다. 준비한 부록 슬라이드를 보여주면서 묻는 말에 담담하게 대답하자. 자신감 있게 대응 가능한지 여부는 부록을 얼마만큼 알차게 만들었느냐에 달렸다. 다양한 질문과 의문 사항, 지적, 돌발 질문을 가정해보고 이에 대응할 내용을 열심히 공을 들여 준비하였다면 어떤 지적 공세가 들어와도 차분하고 냉정하게 처리할 수 있다.

여기서 주의해야 할 점이 있다.

질문은 그 자리에 있는 모든 사람들이 던질 수 있다. 그렇지만 누가 질문을 하든지 결재자 쪽을 보고 대답해야 한다. 그 이유는 당신이 설득해야 하는 사람은 다름 아닌 결재자이기 때문이다.

'하지만 이러한 행동이 질문자에게는 실례가 되지 않을까?' 하고 생각할 수도 있으나 한 가지 방법이 있다.

예를 들어 결재자가 아닌 다른 사람이 "타사의 동향은 어떤가?"라는 질문을 했다고 하자. 일단 질문을 들을 때, 그 사람의 눈을 보고 고개를 끄덕이며 "네, 타사 동향 말씀이시군요."라고 간단하게 대답한다. 이 시점에서 질문자와 커뮤니케이션을 취하는 셈이다.

그러고 나서 결재자 쪽을 향하여 "A사는……" 하고 질문에 대해 본격적으로 대답하면 된다. 그러면 질문자에게 무례하다는 느낌을 주지 않으면서도 결재자를 똑바로 쳐다보고 설명할 수 있다.

모든 질문에 확신에 찬 대답을 하는 모습은 결재자에게 믿음직하게 보일 수 있다.

# 결재 받지 못한 이유를
## 분명히 확인하라

**34**

## 솔직한 답변으로 묘수를 두자

발표가 끝난 뒤 벌어지는 토론에서 때로는 궁지에 몰리는 경우도 있다. 이를테면 준비가 부족한 탓에 질문을 시원시원하게 대답하지 못하기라도 하면 그야말로 당황스러운 순간이 아닐 수 없다.

이러할 경우 어떻게 하면 좋을까?

꼼수보다는 '잘 모르겠습니다.'라고 솔직하게 인정하는 것이 좋다. 거짓 없이 "그 부분에 대해서는 미처 확인하지 못했습니다. 죄송합니다."라고 대답하자.

나 또한 이런 경험이 있었다. 내 눈에는 사소한 문제로 보였지만, 결재자의 질문에 대답하지 못해 어쩔 수 없이 다시 제안을 하게 된 적도 있다.

속상하기는 하지만 별 도리가 없지 않은가. 결재자가 절로 고개를 끄덕일 만한 준비를 하지 않았다는 것은 준비가 그만큼 서투르고 부족했다는 뜻이다. 깨끗하게 인정하고 보완하자.

참고로 이런 상황에서 가장 좋지 않은 것은 속이려 드는 행동이다.
어떻게든 그 상황을 모면하고자 필요 이상으로 말을 많이 하고, 동요하면서도 같은 주장을 되풀이하는 모습을 보이면, 결재자는 '잔재주를 부려 얼렁뚱땅 넘기려 드는군.' 하고 간파한다.
경영의 고수인 결재자가 그깟 속임수에 넘어갈 리 없다. 자칫 잘못하면 보고에 대한 신뢰는 땅에 떨어질뿐더러 비즈니스맨으로서의 자격조차 의심을 받는 수가 있다. 질문에 대답하지 못할 때에는 차라리 "잘 모르겠습니다."라고 솔직하게 대답하는 묘수를 두는 것이 현명하다.


## 반려된 부분이 전체인지 일부인지 확인하라

토론시 질문에 제대로 대답하지 못했을 때는 물론 모든 질문에 제대로 대답했는데도 결재자가 완전히 납득하지 못하여 결재 사인을 받지 못하는 경우도 종종 있다.

그렇다고 이런 상황에서 무턱대고 버티는 것은 좋지 않다. 결재자가 확실하게 'NO'라고 의사표시를 한 경우에는 깨끗하게 물러날 줄도 알아야 한다.

단, 채택되지 않은 이유를 확실하게 짚어보고 나서 보고를 마쳐야 한다. 예를 들어 토론시, 제안 사업의 일정에 대한 연이은 지적 때문에 제안이 반려되었다고 하자. 이러한 경우에는 "개요 자체는 문제가 없다는 전제하에 일정에 대해서 다시 한 번 제안하고자 하는데 괜찮겠습니까?"라고 결재자에게 분명히 확인해야 한다.

다시 말해 제안 전체가 반려되었는지 아니면 제안의 일부만 반려되었는지를 확실하게 짚고 넘어가자는 것이다. 만일 일부만 반려된 경우라면 어디까지가 OK인지 어디서부터가 NO인지를 확실히 확인해야 한다.

이는 매우 중요한 지점이다.

제안 전체가 반려된 경우에는 처음부터 다시 재고해야 한다. 그리고 결재자와 당신 사이에 이해의 차이가 있다면 차후에 문제가 발생하는 것은 불을 보듯 뻔한 일이다. 결재자는 전체를 반려하였는데, 당신은 일정만 수정하면 된다고 해석했다면, 다음 보고는 의견이 전혀 일치하지 않는 상황이 발생하게 된다. 그 보고가 반려되는 것은 당연한 일이다.

그렇기 때문에 결재자에게 결재가 되지 않은 이유를 정확하게 확인할 필요가 있다. 채택되지 않은 부분은 어디이며, 다음 보고에서는 무엇에 대해 발표할지를 확실하게 짚고 넘어가자. 이른바 결재자에게 언질을 받는 것이다. 한 걸음 한 걸음 자신의 보고력을 확실하게 넓혀가는 것이 OK 사인을 획득하는 가장 빠른 지름길이다.

## KEY POINT

· 보고 멘트 연습은 20번 이상 하자.

· 보고할 때는 뜸들이지 말자.

· 보고시 결재자의 왼쪽 눈을 보고 말하라.

· 대답이 막힐 때는 솔직한 답변으로 묘수를 두자.

· 반려당한 경우 무엇이 문제인지 정확히 확인하라.

# 보고서 때문에
# 야근하는 직장인을 위하여

책을 끝까지 읽어주신 독자 여러분께 고마운 마음을 전한다. 이 책에는 소프트뱅크를 비롯하여 그동안 몸담아온 조직에서 길러온 '한 번에 OK나는 보고서'의 핵심만 엄선하여 담았다. 나름대로 보고의 기술을 깊이 연구할 수 있었던 것은 전적으로 소프트뱅크 손정의 회장을 비롯한 많은 상사와 선배의 지도가 있었기 때문이었다. 이 자리를 빌려 깊은 감사의 마음을 전한다.

내가 이제껏 철저하게 추구해온 것은 다름 아닌 '심플&논리'이다. 10초 만에 '무엇을 말하고 싶은가?'를 전달하는 보고서, 5~9장 분량으로 핵심 논리를 전달하는 구성, 상세 데이터를 망라한 부록, 이 모든 자료를 완벽하게 정리해서 3~5분간의 보고로 단번에 OK를 획득했다. 나는 오로지 이것을 위해 고민에 고민을 거듭해왔다.

물론 보고라는 것은 기업 문화에 따라 다양한 개성을 지니고 있다. 특히 역사 깊은 대기업 중에서는 상세 데이터를 빠짐없이 제시하되 제대로 된 문장으로 만든 자료를 요구하기도 한다. 그런 회사에서는 이 책에서 소개하는 기술이 그대로 통용될 리 만무하다.

그러니 융통성을 발휘하여 각자의 회사의 개성에 맞게 다듬어 잘 활용하기를 바란다.

다만 어느 회사든지 보고의 본질 자체는 변하지 않는다는 걸 기억하길 바란다. 사실 따지고 보면 보고의 대부분이 어떠한 문제를 해결하기 위해 이루어지는 것이 아닐까? 그러므로 보고의 핵심 논리는 이 책에서 전하는 바와 같이 '문제 → 원인 → 해결책 → 효과'의 흐름을 거스르지 않는다. 논리를 단단히 세우고 회사가 요구하는 수준의 세세한 데이터와 정보를 더하면 분명히 설득력 있는 보고서를 만들 수 있다.

아울러 상세 데이터를 게재한 다소 복잡한 슬라이드도 적절한 편집을 더하면 보는 사람의 이해도를 높일 수 있다. 이때에도 이 책의 필살기가 크고 작은 도움이 될 것이다.

한 가지 덧붙일 것은 여러 회사에서 프레젠테이션과 보고에 대한 강의를 하면서 피부로 느낀 점은, 바로 소프트뱅크와 같이 심플&

논리적인 보고를 통해 빠른 의사결정을 지향하는 회사가 급격히 증가하고 있다는 사실이다.

어찌 보면 당연한 일이다. 해가 갈수록 변화의 속도가 빨라지는 현대 사회에서 재빠른 의사결정을 통해 사업 속도를 최대화하는 일은 그야말로 기업이 살아남는 데 더없이 중요한 것이기 때문이다. 이는 다시 말해 보고를 심플하고 논리적으로 하는 것이 필수 조건이 되었다는 의미이기도 하다. 모쪼록 이 책에서 제시하는 보고의 기술을 참고하여 조금이라도 회사의 의사결정 속도가 빨라지도록 노력하길 바란다.

더불어 이 책의 기술을 자신의 것으로 만들면 경력에도 좋은 영향을 미칠 것이다. 이 책에는 보고의 가장 근본적인 기술을 담았고, 어느 회사에서든 이 기술을 그 회사에 맞는 형태로 다듬어 활용하면 채택률이 오를 것이라고 확신한다. 부디 깔끔하고 멋진 보고를 통해 날아오는 기회를 꽉 움켜잡기를 기원한다.

마지막으로 가장 중요한 것이 있다. 지금까지 설명한 것들은 어디까지나 기술이다. 이 기술을 죽이고 살리는 것은 자신의 염원이 강한지 여부에 달려 있다. 간절한 염원은 자연스레 '설득력 있는 보고를 하기 위해서 어떻게 하면 좋을까?' 하는 자세로 이어진다. 더불어 결재자가 납득하도록 온갖 데이터를 조사하여 제안 내용에 깊이를 더하고 결재자가 조금이라도 이해하기 수월하도록 슬라이드에 대한 연구도 더하게 되고, 그 과정에서 보고력은 더욱더 강력해질 것이다.

이 단계에 이르러야 비로소 자신이 발표하는 제안에 대해 확고한 확신을 가지게 되고, 보고서도 완벽에 가까운 완성이 이루어질 것이다.

이 책이 완벽한 보고서를 작성하고자 노력하는 여러분에게 페이스 메이커가 되어준다면 더할 나위 없이 기쁘겠다.

부디 이 책을 십분 활용하여 '한 번에 OK'를 척척 이루기를 기원한다.

# 한 번에 OK 나는 보고서

**1판 1쇄 발행** 2017년 4월 20일
**1판 2쇄 발행** 2019년 6월  3일

**지은이** 마에다 가마리(前田鎌利)
**옮긴이** 박주희

**발행인** 양원석
**본부장** 김순미
**편집장** 최두은
**책임편집** 차선화
**디자인** Studio.mi
**해외저작권** 최푸름
**제작** 문태일, 안성현
**영업마케팅** 최창규, 김용환, 양정길, 이은혜, 신우섭, 조아라,
           유가형, 김유정, 임도진, 정문희, 신예은

**펴낸 곳** ㈜알에이치코리아
**주소** 서울시 금천구 가산디지털2로 53, 20층 (가산동, 한라시그마밸리)
**편집문의** 02-6443-8861   **구입문의** 02-6443-8838
**홈페이지** http://rhk.co.kr
**등록** 2004년 1월 15일 제2-3726호

**ISBN** 978-89-255-6128-8 (03320)